中华人民共和国
新法规汇编

2023
第5辑

司法部 编

中国法制出版社

编辑说明

一、《中华人民共和国新法规汇编》是国家出版的法律、行政法规汇编正式版本,是刊登报国务院备案并予以登记的部门规章的指定出版物。

二、本汇编收集的内容包括:上一个月内由全国人民代表大会及其常务委员会通过的法律和有关法律问题的决定,国务院公布的行政法规和国务院文件,报国务院备案并予以登记的部门规章,最高人民法院和最高人民检察院公布的司法解释。另外,还收入了上一个月内报国务院备案并予以登记的地方性法规和地方政府规章目录。

三、本汇编所收的内容,按下列分类顺序编排:法律,行政法规,国务院文件,国务院部门规章,司法解释。每类中按公布的时间顺序排列。报国务院备案并予以登记的地方性法规和地方政府规章目录按1987年国务院批准的行政区划顺序排列;同一行政区域报备两件以上者,按公布时间顺序排列。

四、本汇编每年出版12辑,每月出版1辑。本辑为2023年度第5辑,收入2023年4月份内公布的法律2件、有关法律问题的决定1件、行政法规1件、国务院文件3件、报国务院备案并经审查予以登记编号的部门规章8件,共计15件。

五、本汇编在编辑出版过程中,得到了国务院有关部门和有关方面以及广大读者的大力支持和协助,在此谨致谢意。

司法部
2023年5月

目 录

编辑说明 …………………………………………… (1)

法 律

中华人民共和国反间谍法 ………………………… (1)
中华人民共和国青藏高原生态保护法 …………… (14)

有关法律问题的决定

全国人民代表大会常务委员会组成人员守则 …… (30)

行政法规

征兵工作条例 ……………………………………… (34)

国务院文件

国务院办公厅关于上市公司独立董事制度改革的意见 …… (50)
国务院办公厅关于推动外贸稳规模优结构的意见 ………… (56)
国务院办公厅关于优化调整稳就业政策措施全力促发
　展惠民生的通知 ………………………………… (60)

国务院部门规章

水行政处罚实施办法 ……………………………… (65)
计量器具新产品管理办法 ………………………… (82)

1

计量比对管理办法 …………………………………………（87）
中国人民银行关于废止部分规章的决定 …………………（92）
定量包装商品计量监督管理办法 …………………………（93）
网信部门行政执法程序规定 ………………………………（101）
固定资产投资项目节能审查办法 …………………………（114）
烈士公祭办法 ………………………………………………（121）

附：

一、2023年4月份报国务院备案并予以登记的地方性
　　法规、自治条例、单行条例和地方政府规章目录 ……（125）
二、2023年4月份报国务院备案并予以登记，本汇编
　　未收的国务院部门规章目录 ……………………………（130）

法　律

中华人民共和国反间谍法

（2014年11月1日第十二届全国人民代表大会常务委员会第十一次会议通过　2023年4月26日第十四届全国人民代表大会常务委员会第二次会议修订　2023年4月26日中华人民共和国主席令第4号公布　自2023年7月1日起施行）

目　录

第一章　总　则
第二章　安全防范
第三章　调查处置
第四章　保障与监督
第五章　法律责任
第六章　附　则

第一章　总　则

第一条　为了加强反间谍工作，防范、制止和惩治间谍行为，维护国家安全，保护人民利益，根据宪法，制定本法。

第二条　反间谍工作坚持党中央集中统一领导，坚持总体国家安全观，坚持公开工作与秘密工作相结合、专门工作与群众路线相结合，坚持积极防御、依法惩治、标本兼治，筑牢国家安全人民防线。

第三条 反间谍工作应当依法进行,尊重和保障人权,保障个人和组织的合法权益。

第四条 本法所称间谍行为,是指下列行为:

(一)间谍组织及其代理人实施或者指使、资助他人实施,或者境内外机构、组织、个人与其相勾结实施的危害中华人民共和国国家安全的活动;

(二)参加间谍组织或者接受间谍组织及其代理人的任务,或者投靠间谍组织及其代理人;

(三)间谍组织及其代理人以外的其他境外机构、组织、个人实施或者指使、资助他人实施,或者境内机构、组织、个人与其相勾结实施的窃取、刺探、收买、非法提供国家秘密、情报以及其他关系国家安全和利益的文件、数据、资料、物品,或者策动、引诱、胁迫、收买国家工作人员叛变的活动;

(四)间谍组织及其代理人实施或者指使、资助他人实施,或者境内外机构、组织、个人与其相勾结实施针对国家机关、涉密单位或者关键信息基础设施等的网络攻击、侵入、干扰、控制、破坏等活动;

(五)为敌人指示攻击目标;

(六)进行其他间谍活动。

间谍组织及其代理人在中华人民共和国领域内,或者利用中华人民共和国的公民、组织或者其他条件,从事针对第三国的间谍活动,危害中华人民共和国国家安全的,适用本法。

第五条 国家建立反间谍工作协调机制,统筹协调反间谍工作中的重大事项,研究、解决反间谍工作中的重大问题。

第六条 国家安全机关是反间谍工作的主管机关。

公安、保密等有关部门和军队有关部门按照职责分工,密切配合,加强协调,依法做好有关工作。

第七条 中华人民共和国公民有维护国家的安全、荣誉和利益的义务,不得有危害国家的安全、荣誉和利益的行为。

一切国家机关和武装力量、各政党和各人民团体、企业事业组织和其他社会组织,都有防范、制止间谍行为,维护国家安全的义务。

国家安全机关在反间谍工作中必须依靠人民的支持,动员、组织人民防范、制止间谍行为。

第八条 任何公民和组织都应当依法支持、协助反间谍工作,保守所知悉的国家秘密和反间谍工作秘密。

第九条 国家对支持、协助反间谍工作的个人和组织给予保护。

对举报间谍行为或者在反间谍工作中做出重大贡献的个人和组织,按照国家有关规定给予表彰和奖励。

第十条 境外机构、组织、个人实施或者指使、资助他人实施的,或者境内机构、组织、个人与境外机构、组织、个人相勾结实施的危害中华人民共和国国家安全的间谍行为,都必须受到法律追究。

第十一条 国家安全机关及其工作人员在工作中,应当严格依法办事,不得超越职权、滥用职权,不得侵犯个人和组织的合法权益。

国家安全机关及其工作人员依法履行反间谍工作职责获取的个人和组织的信息,只能用于反间谍工作。对属于国家秘密、工作秘密、商业秘密和个人隐私、个人信息的,应当保密。

第二章 安 全 防 范

第十二条 国家机关、人民团体、企业事业组织和其他社会组织承担本单位反间谍安全防范工作的主体责任,落实反间谍安全防范措施,对本单位的人员进行维护国家安全的教育,动员、组织本单位的人员防范、制止间谍行为。

地方各级人民政府、相关行业主管部门按照职责分工,管理本行政区域、本行业有关反间谍安全防范工作。

国家安全机关依法协调指导、监督检查反间谍安全防范工作。

第十三条 各级人民政府和有关部门应当组织开展反间谍安全防范宣传教育,将反间谍安全防范知识纳入教育、培训、普法宣传内容,增强全民反间谍安全防范意识和国家安全素养。

新闻、广播、电视、文化、互联网信息服务等单位,应当面向社会有针对性地开展反间谍宣传教育。

国家安全机关应当根据反间谍安全防范形势,指导有关单位开展反间谍宣传教育活动,提高防范意识和能力。

第十四条 任何个人和组织都不得非法获取、持有属于国家秘密的文件、数据、资料、物品。

第十五条 任何个人和组织都不得非法生产、销售、持有、使用间谍活动特殊需要的专用间谍器材。专用间谍器材由国务院国家安全主管部门依照国家有关规定确认。

第十六条 任何公民和组织发现间谍行为,应当及时向国家安全机关举报;向公安机关等其他国家机关、组织举报的,相关国家机关、组织应当立即移送国家安全机关处理。

国家安全机关应当将受理举报的电话、信箱、网络平台等向社会公开,依法及时处理举报信息,并为举报人保密。

第十七条 国家建立反间谍安全防范重点单位管理制度。

反间谍安全防范重点单位应当建立反间谍安全防范工作制度,履行反间谍安全防范工作要求,明确内设职能部门和人员承担反间谍安全防范职责。

第十八条 反间谍安全防范重点单位应当加强对工作人员反间谍安全防范的教育和管理,对离岗离职人员脱密期内履行反间谍安全防范义务的情况进行监督检查。

第十九条 反间谍安全防范重点单位应当加强对涉密事项、场所、载体等的日常安全防范管理,采取隔离加固、封闭管理、设置警戒等反间谍物理防范措施。

第二十条 反间谍安全防范重点单位应当按照反间谍技术防范的要求和标准，采取相应的技术措施和其他必要措施，加强对要害部门部位、网络设施、信息系统的反间谍技术防范。

第二十一条 在重要国家机关、国防军工单位和其他重要涉密单位以及重要军事设施的周边安全控制区域内新建、改建、扩建建设项目的，由国家安全机关实施涉及国家安全事项的建设项目许可。

县级以上地方各级人民政府编制国民经济和社会发展规划、国土空间规划等有关规划，应当充分考虑国家安全因素和划定的安全控制区域，征求国家安全机关的意见。

安全控制区域的划定应当统筹发展和安全，坚持科学合理、确有必要的原则，由国家安全机关会同发展改革、自然资源、住房城乡建设、保密、国防科技工业等部门以及军队有关部门共同划定，报省、自治区、直辖市人民政府批准并动态调整。

涉及国家安全事项的建设项目许可的具体实施办法，由国务院国家安全主管部门会同有关部门制定。

第二十二条 国家安全机关根据反间谍工作需要，可以会同有关部门制定反间谍技术防范标准，指导有关单位落实反间谍技术防范措施，对存在隐患的单位，经过严格的批准手续，可以进行反间谍技术防范检查和检测。

第三章 调查处置

第二十三条 国家安全机关在反间谍工作中依法行使本法和有关法律规定的职权。

第二十四条 国家安全机关工作人员依法执行反间谍工作任务时，依照规定出示工作证件，可以查验中国公民或者境外人员的身份证明，向有关个人和组织问询有关情况，对身份不明、有间谍行为嫌疑的人员,可以查看其随带物品。

第二十五条　国家安全机关工作人员依法执行反间谍工作任务时,经设区的市级以上国家安全机关负责人批准,出示工作证件,可以查验有关个人和组织的电子设备、设施及有关程序、工具。查验中发现存在危害国家安全情形的,国家安全机关应当责令其采取措施立即整改。拒绝整改或者整改后仍存在危害国家安全隐患的,可以予以查封、扣押。

对依照前款规定查封、扣押的电子设备、设施及有关程序、工具,在危害国家安全的情形消除后,国家安全机关应当及时解除查封、扣押。

第二十六条　国家安全机关工作人员依法执行反间谍工作任务时,根据国家有关规定,经设区的市级以上国家安全机关负责人批准,可以查阅、调取有关的文件、数据、资料、物品,有关个人和组织应当予以配合。查阅、调取不得超出执行反间谍工作任务所需的范围和限度。

第二十七条　需要传唤违反本法的人员接受调查的,经国家安全机关办案部门负责人批准,使用传唤证传唤。对现场发现的违反本法的人员,国家安全机关工作人员依照规定出示工作证件,可以口头传唤,但应当在询问笔录中注明。传唤的原因和依据应当告知被传唤人。对无正当理由拒不接受传唤或者逃避传唤的人,可以强制传唤。

国家安全机关应当在被传唤人所在市、县内的指定地点或者其住所进行询问。

国家安全机关对被传唤人应当及时询问查证。询问查证的时间不得超过八小时;情况复杂,可能适用行政拘留或者涉嫌犯罪的,询问查证的时间不得超过二十四小时。国家安全机关应当为被传唤人提供必要的饮食和休息时间。严禁连续传唤。

除无法通知或者可能妨碍调查的情形以外,国家安全机关应当及时将传唤的原因通知被传唤人家属。在上述情形消失后,应当立即通知被传唤人家属。

第二十八条　国家安全机关调查间谍行为,经设区的市级以上国家安全机关负责人批准,可以依法对涉嫌间谍行为的人身、物品、场所进行检查。

检查女性身体的,应当由女性工作人员进行。

第二十九条　国家安全机关调查间谍行为,经设区的市级以上国家安全机关负责人批准,可以查询涉嫌间谍行为人员的相关财产信息。

第三十条　国家安全机关调查间谍行为,经设区的市级以上国家安全机关负责人批准,可以对涉嫌用于间谍行为的场所、设施或者财物依法查封、扣押、冻结;不得查封、扣押、冻结与被调查的间谍行为无关的场所、设施或者财物。

第三十一条　国家安全机关工作人员在反间谍工作中采取查阅、调取、传唤、检查、查询、查封、扣押、冻结等措施,应当由二人以上进行,依照有关规定出示工作证件及相关法律文书,并由相关人员在有关笔录等书面材料上签名、盖章。

国家安全机关工作人员进行检查、查封、扣押等重要取证工作,应当对全过程进行录音录像,留存备查。

第三十二条　在国家安全机关调查了解有关间谍行为的情况、收集有关证据时,有关个人和组织应当如实提供,不得拒绝。

第三十三条　对出境后可能对国家安全造成危害,或者对国家利益造成重大损失的中国公民,国务院国家安全主管部门可以决定其在一定期限内不准出境,并通知移民管理机构。

对涉嫌间谍行为人员,省级以上国家安全机关可以通知移民管理机构不准其出境。

第三十四条　对入境后可能进行危害中华人民共和国国家安全活动的境外人员,国务院国家安全主管部门可以通知移民管理机构不准其入境。

第三十五条　对国家安全机关通知不准出境或者不准入境的

人员,移民管理机构应当按照国家有关规定执行;不准出境、入境情形消失的,国家安全机关应当及时撤销不准出境、入境决定,并通知移民管理机构。

第三十六条　国家安全机关发现涉及间谍行为的网络信息内容或者网络攻击等风险,应当依照《中华人民共和国网络安全法》规定的职责分工,及时通报有关部门,由其依法处置或者责令电信业务经营者、互联网服务提供者及时采取修复漏洞、加固网络防护、停止传输、消除程序和内容、暂停相关服务、下架相关应用、关闭相关网站等措施,保存相关记录。情况紧急,不立即采取措施将对国家安全造成严重危害的,由国家安全机关责令有关单位修复漏洞、停止相关传输、暂停相关服务,并通报有关部门。

经采取相关措施,上述信息内容或者风险已经消除的,国家安全机关和有关部门应当及时作出恢复相关传输和服务的决定。

第三十七条　国家安全机关因反间谍工作需要,根据国家有关规定,经过严格的批准手续,可以采取技术侦察措施和身份保护措施。

第三十八条　对违反本法规定,涉嫌犯罪,需要对有关事项是否属于国家秘密或者情报进行鉴定以及需要对危害后果进行评估的,由国家保密部门或者省、自治区、直辖市保密部门按照程序在一定期限内进行鉴定和组织评估。

第三十九条　国家安全机关经调查,发现间谍行为涉嫌犯罪的,应当依照《中华人民共和国刑事诉讼法》的规定立案侦查。

第四章　保障与监督

第四十条　国家安全机关工作人员依法履行职责,受法律保护。

第四十一条　国家安全机关依法调查间谍行为,邮政、快递等物流运营单位和电信业务经营者、互联网服务提供者应当提供必要的支持和协助。

第四十二条　国家安全机关工作人员因执行紧急任务需要,经出示工作证件,享有优先乘坐公共交通工具、优先通行等通行便利。

第四十三条　国家安全机关工作人员依法执行任务时,依照规定出示工作证件,可以进入有关场所、单位;根据国家有关规定,经过批准,出示工作证件,可以进入限制进入的有关地区、场所、单位。

第四十四条　国家安全机关因反间谍工作需要,根据国家有关规定,可以优先使用或者依法征用国家机关、人民团体、企业事业组织和其他社会组织以及个人的交通工具、通信工具、场地和建筑物等,必要时可以设置相关工作场所和设施设备,任务完成后应当及时归还或者恢复原状,并依照规定支付相应费用;造成损失的,应当给予补偿。

第四十五条　国家安全机关因反间谍工作需要,根据国家有关规定,可以提请海关、移民管理等检查机关对有关人员提供通关便利,对有关资料、器材等予以免检。有关检查机关应当依法予以协助。

第四十六条　国家安全机关工作人员因执行任务,或者个人因协助执行反间谍工作任务,本人或者其近亲属的人身安全受到威胁时,国家安全机关应当会同有关部门依法采取必要措施,予以保护、营救。

个人因支持、协助反间谍工作,本人或者其近亲属的人身安全面临危险的,可以向国家安全机关请求予以保护。国家安全机关应当会同有关部门依法采取保护措施。

个人和组织因支持、协助反间谍工作导致财产损失的,根据国家有关规定给予补偿。

第四十七条　对为反间谍工作做出贡献并需要安置的人员,国家给予妥善安置。

公安、民政、财政、卫生健康、教育、人力资源和社会保障、退役军人事务、医疗保障、移民管理等有关部门以及国有企业事业单位应当协助国家安全机关做好安置工作。

第四十八条 对因开展反间谍工作或者支持、协助反间谍工作导致伤残或者牺牲、死亡的人员，根据国家有关规定给予相应的抚恤优待。

第四十九条 国家鼓励反间谍领域科技创新，发挥科技在反间谍工作中的作用。

第五十条 国家安全机关应当加强反间谍专业力量人才队伍建设和专业训练，提升反间谍工作能力。

对国家安全机关工作人员应当有计划地进行政治、理论和业务培训。培训应当坚持理论联系实际、按需施教、讲求实效，提高专业能力。

第五十一条 国家安全机关应当严格执行内部监督和安全审查制度，对其工作人员遵守法律和纪律等情况进行监督，并依法采取必要措施，定期或者不定期进行安全审查。

第五十二条 任何个人和组织对国家安全机关及其工作人员超越职权、滥用职权和其他违法行为，都有权向上级国家安全机关或者监察机关、人民检察院等有关部门检举、控告。受理检举、控告的国家安全机关或者监察机关、人民检察院等有关部门应当及时查清事实，依法处理，并将处理结果及时告知检举人、控告人。

对支持、协助国家安全机关工作或者依法检举、控告的个人和组织，任何个人和组织不得压制和打击报复。

第五章 法律责任

第五十三条 实施间谍行为，构成犯罪的，依法追究刑事责任。

第五十四条 个人实施间谍行为，尚不构成犯罪的，由国家安全机关予以警告或者处十五日以下行政拘留,单处或者并处五万元以下罚款,违法所得在五万元以上的,单处或者并处违法所得一倍以上五倍以下罚款,并可以由有关部门依法予以处分。

明知他人实施间谍行为,为其提供信息、资金、物资、劳务、技术、场所等支持、协助,或者窝藏、包庇,尚不构成犯罪的,依照前款的规定处罚。

单位有前两款行为的,由国家安全机关予以警告,单处或者并处五十万元以下罚款,违法所得在五十万元以上的,单处或者并处违法所得一倍以上五倍以下罚款,并对直接负责的主管人员和其他直接责任人员,依照第一款的规定处罚。

国家安全机关根据相关单位、人员违法情节和后果,可以建议有关主管部门依法责令停止从事相关业务、提供相关服务或者责令停产停业、吊销有关证照、撤销登记。有关主管部门应当将作出行政处理的情况及时反馈国家安全机关。

第五十五条 实施间谍行为,有自首或者立功表现的,可以从轻、减轻或者免除处罚;有重大立功表现的,给予奖励。

在境外受胁迫或者受诱骗参加间谍组织、敌对组织,从事危害中华人民共和国国家安全的活动,及时向中华人民共和国驻外机构如实说明情况,或者入境后直接或者通过所在单位及时向国家安全机关如实说明情况,并有悔改表现的,可以不予追究。

第五十六条 国家机关、人民团体、企业事业组织和其他社会组织未按照本法规定履行反间谍安全防范义务的,国家安全机关可以责令改正;未按照要求改正的,国家安全机关可以约谈相关负责人,必要时可以将约谈情况通报该单位上级主管部门;产生危害后果或者不良影响的,国家安全机关可以予以警告、通报批评;情节严重的,对负有责任的领导人员和直接责任人员,由有关部门依法予以处分。

第五十七条 违反本法第二十一条规定新建、改建、扩建建设项目的,由国家安全机关责令改正,予以警告;拒不改正或者情节严重的,责令停止建设或者使用、暂扣或者吊销许可证件,或者建议有关主管部门依法予以处理。

第五十八条 违反本法第四十一条规定的,由国家安全机关责令改正,予以警告或者通报批评;拒不改正或者情节严重的,由有关主管部门依照相关法律法规予以处罚。

第五十九条 违反本法规定,拒不配合数据调取的,由国家安全机关依照《中华人民共和国数据安全法》的有关规定予以处罚。

第六十条 违反本法规定,有下列行为之一,构成犯罪的,依法追究刑事责任;尚不构成犯罪的,由国家安全机关予以警告或者处十日以下行政拘留,可以并处三万元以下罚款:

(一)泄露有关反间谍工作的国家秘密;

(二)明知他人有间谍犯罪行为,在国家安全机关向其调查有关情况、收集有关证据时,拒绝提供;

(三)故意阻碍国家安全机关依法执行任务;

(四)隐藏、转移、变卖、损毁国家安全机关依法查封、扣押、冻结的财物;

(五)明知是间谍行为的涉案财物而窝藏、转移、收购、代为销售或者以其他方法掩饰、隐瞒;

(六)对依法支持、协助国家安全机关工作的个人和组织进行打击报复。

第六十一条 非法获取、持有属于国家秘密的文件、数据、资料、物品,以及非法生产、销售、持有、使用专用间谍器材,尚不构成犯罪的,由国家安全机关予以警告或者处十日以下行政拘留。

第六十二条 国家安全机关对依照本法查封、扣押、冻结的财物,应当妥善保管,并按照下列情形分别处理:

(一)涉嫌犯罪的,依照《中华人民共和国刑事诉讼法》等有关法律的规定处理;

(二)尚不构成犯罪,有违法事实的,对依法应当没收的予以没收,依法应当销毁的予以销毁;

（三）没有违法事实的,或者与案件无关的,应当解除查封、扣押、冻结,并及时返还相关财物;造成损失的,应当依法予以赔偿。

第六十三条　涉案财物符合下列情形之一的,应当依法予以追缴、没收,或者采取措施消除隐患:

（一）违法所得的财物及其孳息、收益,供实施间谍行为所用的本人财物;

（二）非法获取、持有的属于国家秘密的文件、数据、资料、物品;

（三）非法生产、销售、持有、使用的专用间谍器材。

第六十四条　行为人及其近亲属或者其他相关人员,因行为人实施间谍行为从间谍组织及其代理人获取的所有利益,由国家安全机关依法采取追缴、没收等措施。

第六十五条　国家安全机关依法收缴的罚款以及没收的财物,一律上缴国库。

第六十六条　境外人员违反本法的,国务院国家安全主管部门可以决定限期出境,并决定其不准入境的期限。未在规定期限内离境的,可以遣送出境。

对违反本法的境外人员,国务院国家安全主管部门决定驱逐出境的,自被驱逐出境之日起十年内不准入境,国务院国家安全主管部门的处罚决定为最终决定。

第六十七条　国家安全机关作出行政处罚决定之前,应当告知当事人拟作出的行政处罚内容及事实、理由、依据,以及当事人依法享有的陈述、申辩、要求听证等权利,并依照《中华人民共和国行政处罚法》的有关规定实施。

第六十八条　当事人对行政处罚决定、行政强制措施决定、行政许可决定不服的,可以自收到决定书之日起六十日内,依法申请复议;对复议决定不服的,可以自收到复议决定书之日起十五日内,依法向人民法院提起诉讼。

第六十九条　国家安全机关工作人员滥用职权、玩忽职守、徇私舞弊,或者有非法拘禁、刑讯逼供、暴力取证、违反规定泄露国家秘密、工作秘密、商业秘密和个人隐私、个人信息等行为,依法予以处分,构成犯罪的,依法追究刑事责任。

第六章 附 则

第七十条 国家安全机关依照法律、行政法规和国家有关规定,履行防范、制止和惩治间谍行为以外的危害国家安全行为的职责,适用本法的有关规定。

公安机关在依法履行职责过程中发现、惩治危害国家安全的行为,适用本法的有关规定。

第七十一条 本法自2023年7月1日起施行。

中华人民共和国青藏高原生态保护法

(2023年4月26日第十四届全国人民代表大会常务委员会第二次会议通过 2023年4月26日中华人民共和国主席令第5号公布 自2023年9月1日起施行)

目 录

第一章 总 则
第二章 生态安全布局
第三章 生态保护修复
第四章 生态风险防控
第五章 保障与监督
第六章 法律责任
第七章 附 则

第一章 总 则

第一条 为了加强青藏高原生态保护,防控生态风险,保障生态安全,建设国家生态文明高地,促进经济社会可持续发展,实现人与自然和谐共生,制定本法。

第二条 从事或者涉及青藏高原生态保护相关活动,适用本法;本法未作规定的,适用其他有关法律的规定。

本法所称青藏高原,是指西藏自治区、青海省的全部行政区域和新疆维吾尔自治区、四川省、甘肃省、云南省的相关县级行政区域。

第三条 青藏高原生态保护应当尊重自然、顺应自然、保护自然;坚持生态保护第一,自然恢复为主,守住自然生态安全边界;坚持统筹协调、分类施策、科学防控、系统治理。

第四条 国家建立青藏高原生态保护协调机制,统筹指导、综合协调青藏高原生态保护工作,审议青藏高原生态保护重大政策、重大规划、重大项目,协调跨地区跨部门重大问题,督促检查相关重要工作的落实情况。

国务院有关部门按照职责分工,负责青藏高原生态保护相关工作。

第五条 青藏高原地方各级人民政府应当落实本行政区域的生态保护修复、生态风险防控、优化产业结构和布局、维护青藏高原生态安全等责任。

青藏高原相关地方根据需要在地方性法规和地方政府规章制定、规划编制、监督执法等方面加强协作,协同推进青藏高原生态保护。

第六条 国务院和青藏高原县级以上地方人民政府应当将青藏高原生态保护工作纳入国民经济和社会发展规划。

国务院有关部门按照职责分工,组织编制青藏高原生态保护修复等相关专项规划,组织实施重大生态修复等工程,统筹推进青藏高原生态保护修复等工作。青藏高原县级以上地方人民政府按照国家有关规定,在本行政区域组织实施青藏高原生态保护修复等相关专项规划。编制青藏高原生态保护修复等相关专项规划,应当进行科学论证评估。

第七条 国家加强青藏高原土地、森林、草原、河流、湖泊、湿地、冰川、荒漠、野生动植物等自然资源状况和生态环境状况调查,开展区域资源环境承载能力和国土空间开发适宜性评价,健全青藏高原生态环境、自然资源、生物多样性、水文、气象、地质、水土保持、自然灾害等监测网络体系,推进综合监测、协同监测和常态化监测。调查、评价和监测信息应当按照国家有关规定共享。

第八条 国家鼓励和支持开展青藏高原科学考察与研究,加强青藏高原气候变化、生物多样性、生态保护修复、水文水资源、雪山冰川冻土、水土保持、荒漠化防治、河湖演变、地质环境、自然灾害监测预警与防治、能源和气候资源开发利用与保护、生态系统碳汇等领域的重大科技问题研究和重大科技基础设施建设,推动长期研究工作,掌握青藏高原生态本底及其变化。

国家统筹布局青藏高原生态保护科技创新平台,加大科技专业人才培养力度,充分运用青藏高原科学考察与研究成果,推广应用先进适用技术,促进科技成果转化,发挥科技在青藏高原生态保护中的支撑作用。

第九条 国务院有关部门和地方各级人民政府应当采取有效措施,保护青藏高原传统生态文化遗产,弘扬青藏高原优秀生态文化。

国务院有关部门和地方各级人民政府应当加强青藏高原生态保护宣传教育和科学普及,传播生态文明理念,倡导绿色低碳生活方式,提高全民生态文明素养,鼓励和支持单位和个人参与青藏高原生态保护相关活动。

新闻媒体应当采取多种形式开展青藏高原生态保护宣传报

道,并依法对违法行为进行舆论监督。

第十条 对在青藏高原生态保护工作中做出突出贡献的单位和个人,按照国家有关规定予以表彰和奖励。

第二章 生态安全布局

第十一条 国家统筹青藏高原生态安全布局,推进山水林田湖草沙冰综合治理、系统治理、源头治理,实施重要生态系统保护修复重大工程,优化以水源涵养、生物多样性保护、水土保持、防风固沙、生态系统碳汇等为主要生态功能的青藏高原生态安全屏障体系,提升生态系统质量和多样性、稳定性、持续性,增强生态产品供给能力和生态系统服务功能,建设国家生态安全屏障战略地。

第十二条 青藏高原县级以上地方人民政府组织编制本行政区域的国土空间规划,应当落实国家对青藏高原国土空间开发保护的有关要求,细化安排农业、生态、城镇等功能空间,统筹划定耕地和永久基本农田、生态保护红线、城镇开发边界。涉及青藏高原国土空间利用的专项规划应当与国土空间规划相衔接。

第十三条 青藏高原国土空间开发利用活动应当符合国土空间用途管制要求。青藏高原生态空间内的用途转换,应当有利于增强森林、草原、河流、湖泊、湿地、冰川、荒漠等生态系统的生态功能。

青藏高原省级人民政府应当加强对生态保护红线内人类活动的监督管理,定期评估生态保护成效。

第十四条 青藏高原省级人民政府根据本行政区域的生态环境和资源利用状况,按照生态保护红线、环境质量底线、资源利用上线的要求,从严制定生态环境分区管控方案和生态环境准入清单,报国务院生态环境主管部门备案后实施。生态环境分区管控方案和生态环境准入清单应当与国土空间规划相衔接。

第十五条 国家加强对青藏高原森林、高寒草甸、草原、河流、湖泊、湿地、雪山冰川、高原冻土、荒漠、泉域等生态系统的保护,巩固提升三江源(长江、黄河、澜沧江发源地)草原草甸湿地生态功能区、若尔盖草原湿地生态功能区、甘南黄河重要水源补给生态功能区、祁连山冰川与水源涵养生态功能区、阿尔金草原荒漠化防治生态功能区、川滇森林及生物多样性生态功能区、藏东南高原边缘森林生态功能区、藏西北羌塘高原荒漠生态功能区、珠穆朗玛峰生物多样性保护与水源涵养生态功能区等国家重点生态功能区的水源涵养、生物多样性保护、水土保持、防风固沙等生态功能。

第十六条　国家支持青藏高原自然保护地体系建设。国务院和青藏高原省级人民政府在青藏高原重要典型生态系统的完整分布区、生态环境敏感区以及珍贵濒危或者特有野生动植物天然集中分布区和重要栖息地、重要自然遗迹、重要自然景观分布区等区域,依法设立国家公园、自然保护区、自然公园等自然保护地,推进三江源、祁连山、羌塘、珠穆朗玛峰、高黎贡山、贡嘎山等自然保护地建设,保持重要自然生态系统原真性和完整性。

第十七条　青藏高原产业结构和布局应当与青藏高原生态系统和资源环境承载能力相适应。国务院有关部门和青藏高原县级以上地方人民政府应当按照国土空间规划要求,调整产业结构,优化生产力布局,优先发展资源节约型、环境友好型产业,适度发展生态旅游、特色文化、特色农牧业、民族特色手工业等区域特色生态产业,建立健全绿色、低碳、循环经济体系。

在青藏高原新建、扩建产业项目应当符合区域主体功能定位和国家产业政策要求,严格执行自然资源开发、产业准入及退出规定。

第三章　生态保护修复

第十八条　国家加强青藏高原生态保护修复,坚持山水林田湖草沙冰一体化保护修复,实行自然恢复为主、自然恢复与人工修复相结合的系统治理。

第十九条 国务院有关部门和有关地方人民政府加强三江源地区的生态保护修复工作,对依法设立的国家公园进行系统保护和分区分类管理,科学采取禁牧封育等措施,加大退化草原、退化湿地、沙化土地治理和水土流失防治的力度,综合整治重度退化土地;严格禁止破坏生态功能或者不符合差别化管控要求的各类资源开发利用活动。

第二十条 国务院有关部门和青藏高原县级以上地方人民政府应当建立健全青藏高原雪山冰川冻土保护制度,加强对雪山冰川冻土的监测预警和系统保护。

青藏高原省级人民政府应当将大型冰帽冰川、小规模冰川群等划入生态保护红线,对重要雪山冰川实施封禁保护,采取有效措施,严格控制人为扰动。

青藏高原省级人民政府应当划定冻土区保护范围,加强对多年冻土区和中深季节冻土区的保护,严格控制多年冻土区资源开发,严格审批多年冻土区城镇规划和交通、管线、输变电等重大工程项目。

青藏高原省级人民政府应当开展雪山冰川冻土与周边生态系统的协同保护,维持有利于雪山冰川冻土保护的自然生态环境。

第二十一条 国务院有关部门和青藏高原地方各级人民政府建立健全青藏高原江河、湖泊管理和保护制度,完善河湖长制,加大对长江、黄河、澜沧江、雅鲁藏布江、怒江等重点河流和青海湖、扎陵湖、鄂陵湖、色林错、纳木错、羊卓雍错、玛旁雍错等重点湖泊的保护力度。

青藏高原河道、湖泊管理范围由有关县级以上地方人民政府依法科学划定并公布。禁止违法利用、占用青藏高原河道、湖泊水域和岸线。

第二十二条 青藏高原水资源开发利用,应当符合流域综合规划,坚持科学开发、合理利用,统筹各类用水需求,兼顾上下游、干支流、左右岸利益,充分发挥水资源的综合效益,保障用水安全和生态安全。

第二十三条 国家严格保护青藏高原大江大河源头等重要生态区位的天然草原,依法将维护国家生态安全、保障草原畜牧业健康发展发挥最基本、最重要作用的草原划为基本草原。青藏高原县级以上地方人民政府应当加强青藏高原草原保护,对基本草原实施更加严格的保护和管理,确保面积不减少、质量不下降、用途不改变。

国家加强青藏高原高寒草甸、草原生态保护修复。青藏高原县级以上地方人民政府应当优化草原围栏建设,采取有效措施保护草原原生植被,科学推进退化草原生态修复工作,实施黑土滩等退化草原综合治理。

第二十四条 青藏高原县级以上地方人民政府及其有关部门应当统筹协调草原生态保护和畜牧业发展,结合当地实际情况,定期核定草原载畜量,落实草畜平衡,科学划定禁牧区,防止超载过牧。对严重退化、沙化、盐碱化、石漠化的草原和生态脆弱区的草原,实行禁牧、休牧制度。

草原承包经营者应当合理利用草原,不得超过核定的草原载畜量;采取种植和储备饲草饲料、增加饲草饲料供应量、调剂处理牲畜、优化畜群结构等措施,保持草畜平衡。

第二十五条 国家全面加强青藏高原天然林保护,严格限制采伐天然林,加强原生地带性植被保护,优化森林生态系统结构,健全重要流域防护林体系。国务院和青藏高原省级人民政府应当依法在青藏高原重要生态区、生态状况脆弱区划定公益林,实施严格管理。

青藏高原县级以上地方人民政府及其有关部门应当科学实施国土绿化,因地制宜,合理配置乔灌草植被,优先使用乡土树种草种,提升绿化质量,加强有害生物防治和森林草原火灾防范。

第二十六条 国家加强青藏高原湿地保护修复,增强湿地水源涵养、气候调节、生物多样性保护等生态功能,提升湿地固碳能力。

青藏高原县级以上地方人民政府应当加强湿地保护协调工作,采取有效措施,落实湿地面积总量管控目标的要求,优化湿地保护空间布局,强化江河源头、上中游和泥炭沼泽湿地整体保护,对生态功能严重退化的湿地进行综合整治和修复。

禁止在星宿海、扎陵湖、鄂陵湖、若尔盖等泥炭沼泽湿地开采泥炭。禁止开(围)垦、排干自然湿地等破坏湿地及其生态功能的行为。

第二十七条 青藏高原地方各级人民政府及其有关部门应当落实最严格耕地保护制度,采取有效措施提升耕地基础地力,增强耕地生态功能,保护和改善耕地生态环境;鼓励和支持农业生产经营者采取养用结合、盐碱地改良、生态循环、废弃物综合利用等方式,科学利用耕地,推广使用绿色、高效农业生产技术,严格控制化肥、农药施用,科学处置农用薄膜、农作物秸秆等农业废弃物。

第二十八条 国务院林业草原、农业农村主管部门会同国务院有关部门和青藏高原省级人民政府按照职责分工,开展野生动植物物种调查,根据调查情况提出实施保护措施的意见,完善相关名录制度,加强野生动物重要栖息地、迁徙洄游通道和野生植物原生境保护,对野牦牛、藏羚、普氏原羚、雪豹、大熊猫、高黎贡白眉长臂猿、黑颈鹤、川陕哲罗鲑、骨唇黄河鱼、黑斑原鮡、扁吻鱼、尖裸鲤和大花红景天、西藏杓兰、雪兔子等青藏高原珍贵濒危或者特有野生动植物物种实行重点保护。

国家支持开展野生动物救护繁育野化基地以及植物园、高原生物种质资源库建设,加强对青藏高原珍贵濒危或者特有野生动植物物种的救护和迁地保护。

青藏高原县级以上地方人民政府应当组织有关单位和个人积极开展野生动物致害综合防控。对野生动物造成人员伤亡,牲畜、农作物或者其他财产损失的,依法给予补偿。

第二十九条 国家加强青藏高原生物多样性保护,实施生物多样性保护重大工程,防止对生物多样性的破坏。

国务院有关部门和青藏高原地方各级人民政府应当采取有效措施,建立完善生态廊道,提升生态系统完整性和连通性。

第三十条 青藏高原县级以上地方人民政府及其林业草原主管部门,应当采取荒漠化土地封禁保护、植被保护与恢复等措施,加强荒漠生态保护与荒漠化土地综合治理。

第三十一条 青藏高原省级人民政府应当采取封禁抚育、轮封轮牧、移民搬迁等措施,实施高原山地以及农田风沙地带、河岸地带、生态防护带等重点治理工程,提升水土保持功能。

第三十二条 国务院水行政主管部门和青藏高原省级人民政府应当采取有效措施,加强对三江源、祁连山黑河流域、金沙江和岷江上游、雅鲁藏布江以及金沙江、澜沧江、怒江三江并流地区等重要江河源头区和水土流失重点预防区、治理区,人口相对密集高原河谷区的水土流失防治。

禁止在青藏高原水土流失严重、生态脆弱的区域开展可能造成水土流失的生产建设活动。确因国家发展战略和国计民生需要建设的,应当经科学论证,并依法办理审批手续,严格控制扰动范围。

第三十三条 在青藏高原设立探矿权、采矿权应当符合国土空间规划和矿产资源规划要求。依法禁止在长江、黄河、澜沧江、雅鲁藏布江、怒江等江河源头自然保护地内从事不符合生态保护管控要求的采砂、采矿活动。

在青藏高原从事矿产资源勘查、开采活动,探矿权人、采矿权人应当采用先进适用的工艺、设备和产品,选择环保、安全的勘探、开采技术和方法,避免或者减少对矿产资源和生态环境的破坏;禁止使用国家明令淘汰的工艺、设备和产品。在生态环境敏感区从事矿产资源勘查、开采活动,应当符合相关管控要求,采取避让、减缓和及时修复重建等保护措施,防止造成环境污染和生态破坏。

第三十四条　青藏高原县级以上地方人民政府应当因地制宜采取消除地质灾害隐患、土地复垦、恢复植被、防治污染等措施,加快历史遗留矿山生态修复工作,加强对在建和运行中矿山的监督管理,督促采矿权人依法履行矿山污染防治和生态修复责任。

在青藏高原开采矿产资源应当科学编制矿产资源开采方案和矿区生态修复方案。新建矿山应当严格按照绿色矿山建设标准规划设计、建设和运营管理。生产矿山应当实施绿色化升级改造,加强尾矿库运行管理,防范和化解环境和安全风险。

第四章　生态风险防控

第三十五条　国家建立健全青藏高原生态风险防控体系,采取有效措施提高自然灾害防治、气候变化应对等生态风险防控能力和水平,保障青藏高原生态安全。

第三十六条　国家加强青藏高原自然灾害调查评价和监测预警。

国务院有关部门和青藏高原县级以上地方人民政府及其有关部门应当加强对地震、雪崩、冰崩、山洪、山体崩塌、滑坡、泥石流、冰湖溃决、冻土消融、森林草原火灾、暴雨(雪)、干旱等自然灾害的调查评价和监测预警。

在地质灾害易发区进行工程建设时,应当按照有关规定进行地质灾害危险性评估,及时采取工程治理或者搬迁避让等措施。

第三十七条　国务院有关部门和青藏高原县级以上地方人民政府应当加强自然灾害综合治理,提高地震、山洪、冰湖溃决、地质灾害等自然灾害防御工程标准,建立与青藏高原生态保护相适应的自然灾害防治工程和非工程体系。

交通、水利、电力、市政、边境口岸等基础设施工程建设、运营单位应当依法承担自然灾害防治义务,采取综合治理措施,加强工程建设、运营期间的自然灾害防治,保障人民群众生命财产安全。

23

第三十八条 重大工程建设可能造成生态和地质环境影响的,建设单位应当根据工程沿线生态和地质环境敏感脆弱区域状况,制定沿线生态和地质环境监测方案,开展生态和地质环境影响的全生命周期监测,包括工程开工前的本底监测、工程建设中的生态和地质环境影响监测、工程运营期的生态和地质环境变化与保护修复跟踪监测。

重大工程建设应当避让野生动物重要栖息地、迁徙洄游通道和国家重点保护野生植物的天然集中分布区;无法避让的,应当采取修建野生动物通道、迁地保护等措施,避免或者减少对自然生态系统与野生动植物的影响。

第三十九条 青藏高原县级以上地方人民政府应当加强对青藏高原种质资源的保护和管理,组织开展种质资源调查与收集,完善相关资源保护设施和数据库。

禁止在青藏高原采集或者采伐国家重点保护的天然种质资源。因科研、有害生物防治、自然灾害防治等需要采集或者采伐的,应当依法取得批准。

第四十条 国务院有关部门和青藏高原省级人民政府按照职责分工,统筹推进区域外来入侵物种防控,实行外来物种引入审批管理,强化入侵物种口岸防控,加强外来入侵物种调查、监测、预警、控制、评估、清除、生态修复等工作。

任何单位和个人未经批准,不得擅自引进、释放或者丢弃外来物种。

第四十一条 国家加强对气候变化及其综合影响的监测,建立气候变化对青藏高原生态系统、气候系统、水资源、珍贵濒危或者特有野生动植物、雪山冰川冻土和自然灾害影响的预测体系,完善生态风险报告和预警机制,强化气候变化对青藏高原影响和高原生态系统演变的评估。

青藏高原省级人民政府应当开展雪山冰川冻土消融退化对区域生态系统影响的监测与风险评估。

第五章　保障与监督

第四十二条　国家加大对青藏高原生态保护修复的财政投入,中央财政安排专项资金用于青藏高原生态保护修复、生态风险防控等。中央预算内投资对青藏高原基础设施和基本公共服务设施建设予以倾斜。

青藏高原县级以上地方人民政府应当加大资金投入力度,重点支持青藏高原生态保护修复工程建设。

第四十三条　国家加大财政转移支付力度,通过提高转移支付系数、加计生态环保支出等方式,对青藏高原生态功能重要区域予以补偿。青藏高原省级人民政府应当将生态功能重要区域全面纳入省级对下生态保护补偿转移支付范围,促进生态保护同民生改善相结合。

国家通过开展自然资源统一确权登记,探索确定青藏高原生态产品权责归属,健全生态产品经营开发机制,鼓励青藏高原特色生态产品区域公用品牌创建,形成多元化的生态产品价值实现路径。

第四十四条　国家为青藏高原生态保护提供支持,实行有利于节水、节能、水土保持、环境保护和资源综合利用的金融、税收政策,鼓励发展绿色信贷、绿色债券、绿色保险等金融产品。

国家鼓励和支持公益组织、社会资本参与青藏高原生态保护修复工作,开展生态产品开发、产业发展、科技创新、技术服务等活动。

第四十五条　国家支持在青藏高原因地制宜建设以风电、光伏发电、水电、水风光互补发电、光热、地热等清洁能源为主体的能源体系,加强清洁能源输送通道建设,推进能源绿色低碳转型。

除保障居民用电和巩固边防需要外,禁止在青藏高原新建小水电项目。

第四十六条　在青藏高原发展生态旅游应当符合资源和生态保护要求,尊重和维护当地传统文化和习俗,保护和合理利用旅游资源。

地方各级人民政府及其有关部门应当按照国家有关规定,科学开发青藏高原生态旅游产品、设计旅游路线,合理控制游客数量和相关基础设施建设规模。

组织或者参加青藏高原旅游、山地户外运动等活动,应当遵守安全规定和文明行为规范,符合区域生态旅游、山地户外运动等管控和规范要求;禁止破坏自然景观和草原植被、猎捕和采集野生动植物。

组织或者参加青藏高原旅游、山地户外运动等活动,应当自行带走产生的垃圾或者在指定地点投放;禁止随意倾倒、抛撒生活垃圾。

第四十七条　青藏高原县级以上地方人民政府应当根据区域资源环境承载能力,统筹推进交通、水利、能源等重大基础设施建设和生活污水、垃圾收集处理等环境基础设施建设,加强城市内部以及周边毗邻地带生态保护修复,统筹规划城乡社区综合服务设施建设,加快推进基本公共服务均等化。

青藏高原地方各级人民政府应当采取有效措施,推进农村生活污水和垃圾治理,推进农村卫生厕所改造和乡村绿化,持续改善农村人居环境,塑造乡村风貌,建设生态宜居美丽乡村。

第四十八条　国务院有关部门和青藏高原县级以上地方人民政府有关部门按照职责分工,对青藏高原生态保护各类活动进行监督检查,查处违法行为,依法公开青藏高原生态保护工作相关信息,完善公众参与程序。

单位和个人有权依法举报和控告污染青藏高原环境、破坏青藏高原生态的违法行为。

第四十九条　国务院有关部门和青藏高原县级以上地方人民政府及其有关部门应当加强青藏高原生态保护监督管理能力建

设,提高科技化、信息化水平,建立执法协调机制,对重大违法案件和跨行政区域、生态敏感区域的违法案件,依法开展联合执法。

第五十条 国家实行青藏高原生态保护绩效评价考核制度,将环境质量提升、生态保护成效、生态产品供给能力等纳入指标体系。

第五十一条 国家加强青藏高原生态保护司法保障建设,鼓励有关单位为青藏高原生态保护提供法律服务。

青藏高原各级行政执法机关、人民法院、人民检察院在依法查处青藏高原生态保护违法行为或者办理自然资源与生态环境损害赔偿诉讼、公益诉讼等过程中,发现存在涉嫌犯罪行为的,应当将犯罪线索移送具有侦查、调查职权的机关。

第五十二条 青藏高原县级以上地方人民政府应当定期向本级人民代表大会或者其常务委员会报告本级人民政府青藏高原生态保护工作情况。

第六章 法律责任

第五十三条 国务院有关部门和地方各级人民政府及其有关部门违反本法规定,在履行相关职责中有玩忽职守、滥用职权、徇私舞弊行为的,对直接负责的主管人员和其他直接责任人员依法给予警告、记过、记大过或者降级处分;造成严重后果的,给予撤职或者开除处分,其主要负责人应当引咎辞职。

第五十四条 违反本法规定,在青藏高原有下列行为之一的,依照有关法律法规的规定从重处罚:

(一)在国家公园内从事资源开发利用活动造成生态破坏;

(二)在星宿海、扎陵湖、鄂陵湖、若尔盖等泥炭沼泽湿地开采泥炭或者开(围)垦、排干自然湿地;

(三)在水土流失严重、生态脆弱的区域开展可能造成水土流失的生产建设活动;

（四）采集或者采伐国家重点保护的天然种质资源；

（五）擅自引进、释放或者丢弃外来物种；

（六）破坏自然景观或者草原植被；

（七）猎捕、采集国家或者地方重点保护野生动植物。

第五十五条 违反本法规定，利用、占用青藏高原河道、湖泊水域和岸线的，由县级以上人民政府水行政主管部门责令停止违法行为，限期拆除并恢复原状，处五万元以上五十万元以下罚款；逾期不拆除或者不恢复原状的，强制拆除或者代为恢复原状，所需费用由违法者承担。

第五十六条 违反本法规定，在长江、黄河、澜沧江、雅鲁藏布江、怒江等江河源头自然保护地内从事不符合生态保护管控要求的采矿活动的，由自然资源、生态环境主管部门按照职责分工，责令改正，没收违法所得和直接用于违法开采的设备、工具；违法所得十万元以上的，并处违法所得十倍以上二十倍以下罚款；违法所得不足十万元的，并处十万元以上一百万元以下罚款。

第五十七条 违反本法规定，建设单位新建小水电项目的，由县级以上地方人民政府责令停止建设，根据违法情节和危害后果，责令恢复原状，处建设项目总投资额百分之一以上百分之五以下罚款。

第五十八条 违反本法规定，在旅游、山地户外运动中随意倾倒、抛撒生活垃圾的，由环境卫生主管部门或者县级以上地方人民政府指定的部门责令改正，对个人处一百元以上五百元以下罚款，情节严重的，处五百元以上一万元以下罚款；对单位处五万元以上五十万元以下罚款。

第五十九条 污染青藏高原环境、破坏青藏高原生态造成他人损害的，侵权人应当承担侵权责任。

违反国家规定造成青藏高原生态环境损害的，国家规定的机关或者法律规定的组织有权请求侵权人承担修复责任、赔偿损失和相关费用。

第六十条 违反本法规定,构成违反治安管理行为的,依法给予治安管理处罚;构成犯罪的,依法追究刑事责任。

第七章 附 则

第六十一条 本法第二条第二款规定的相关县级行政区域,由国务院授权的部门确定。

第六十二条 青藏高原省、自治区和设区的市、自治州可以结合本地实际,制定青藏高原生态保护具体办法。

第六十三条 本法自 2023 年 9 月 1 日起施行。

有关法律问题的决定

全国人民代表大会常务委员会组成人员守则

（1993年7月2日第八届全国人民代表大会常务委员会第二次会议通过　2023年4月26日第十四届全国人民代表大会常务委员会第二次会议修订）

第一条　为了加强全国人民代表大会常务委员会自身建设，使常务委员会组成人员更好地履行职责、开展工作，根据宪法和有关法律规定，总结实践经验，制定本守则。

第二条　常务委员会组成人员履行职责、开展工作，应当遵守本守则。

常务委员会组成人员包括委员长、副委员长、秘书长和委员。

第三条　常务委员会组成人员应当坚持中国共产党的领导，坚持以马克思列宁主义、毛泽东思想、邓小平理论、"三个代表"重要思想、科学发展观、习近平新时代中国特色社会主义思想为指导，依照宪法和法律规定履行职责、开展工作。

常务委员会组成人员应当旗帜鲜明讲政治，坚决维护党中央权威和集中统一领导，深刻领悟"两个确立"的决定性意义，增强"四个意识"、坚定"四个自信"、做到"两个维护"，自觉在思想上政治上行动上同以习近平同志为核心的党中央保持高度一致，把党的领导贯彻落实到人大工作各方面全过程。

第四条　常务委员会组成人员应当以坚持和完善人民代表大会制度为己任，做到政治坚定、服务人民、尊崇法治、发扬民主、勤勉尽责，为建设自觉坚持中国共产党领导的政治机关、保证人民当家作主的国家权力机关、全面担负宪法法律赋予的各项职责的工作机关、始终同人民群众保持密切联系的代表机关而积极工作。

第五条　常务委员会组成人员应当坚持以人民为中心,践行全过程人民民主,维护人民根本利益和共同意志,全心全意为人民服务,维护社会公平正义,自觉接受人民监督。

第六条　常务委员会组成人员应当忠于宪法,模范遵守宪法和法律,维护宪法权威,维护社会主义法治的统一、尊严和权威,坚持推进全面依法治国,建设社会主义法治国家。

第七条　常务委员会组成人员应当坚持民主集中制原则,充分发扬民主,集体行使职权,集体决定问题。

第八条　常务委员会组成人员应当认真履职,恪尽职守,担当作为,践行初心使命。

常务委员会组成人员应当妥善处理履行职责和其他工作的关系。

第九条　常务委员会组成人员应当严格遵守政治纪律和政治规矩,贯彻落实中央八项规定精神,加强作风建设,坚持实事求是,反对形式主义、官僚主义。

常务委员会组成人员应当严格落实廉洁从政各项规定,克己奉公,清正廉洁,不得利用职权牟取个人私利,不得干涉具体司法案件。

第十条　常务委员会组成人员应当持续加强履职学习,认真参加常务委员会安排的专题学习和其他学习,坚持学以致用、学用结合,不断提高履职能力和本领。

常务委员会组成人员应当注重学习以下内容:

(一)习近平新时代中国特色社会主义思想特别是习近平法治思想、习近平总书记关于坚持和完善人民代表大会制度的重要思想;

(二)党的路线、方针、政策和决议;

(三)宪法、法律;

（四）人民代表大会制度的理论和实践；

（五）中国式现代化的理论和实践；

（六）履职所需的法律知识和其他专业知识。

第十一条 常务委员会组成人员应当依法履职，遵守法定程序，遵守会风会纪，提高工作质量和效率。

第十二条 常务委员会组成人员应当出席常务委员会会议。因病或者其他特殊原因不能出席的，应当通过常务委员会办公厅向委员长书面请假。

办公厅应当向委员长报告常务委员会组成人员出席会议的情况和缺席的原因。

每次会议由办公厅将会议出席情况印发常务委员会组成人员。

第十三条 常务委员会组成人员在常务委员会的各种会议上，应当遵守议事规则和其他有关规定。

第十四条 常务委员会会议举行前，常务委员会组成人员应当就会议议题做好审议准备。

常务委员会会议举行时，常务委员会组成人员应当认真审议各项议案、报告和其他议题，发表意见，做好各项工作。

第十五条 常务委员会组成人员在常务委员会全体会议、联组会议和分组会议上的发言，应当围绕会议确定的议题进行。

第十六条 出席会议的常务委员会组成人员应当履行参加表决的法定职责，并服从依法表决的结果。

会议主持人宣布议案交付表决后，常务委员会组成人员不得再对该议案发表意见，但与表决有关的程序问题除外。

第十七条 常务委员会组成人员应当密切联系群众，通过各种形式听取群众意见和要求，向常务委员会反映情况，做到民有所呼、我有所应。

常务委员会组成人员应当严格落实常务委员会组成人员联系全国人大代表的制度要求，加强与基层全国人大代表的联系，充分听取、吸纳和反映全国人大代表的意见和建议。

第十八条　常务委员会组成人员应当加强和改进调查研究,深入实际、深入基层、深入群众,努力掌握实情、找准问题,使各项工作接地气、察民情、聚民智、惠民生。

常务委员会组成人员应当依照规定参加常务委员会组织的执法检查、视察和调研活动;参加执法检查、视察和调研活动,可以提出建议、批评和意见,但不直接处理问题。

常务委员会组成人员参加执法检查、视察和调研活动,应当严格落实党中央规定要求,减少陪同人员,厉行勤俭节约。

第十九条　参加专门委员会的常务委员会组成人员,应当积极参加专门委员会的工作,遵守专门委员会的工作规则和制度。

第二十条　常务委员会组成人员应当保守国家秘密和工作秘密。凡属规定不应当公开的内容,不得以任何方式传播。

第二十一条　常务委员会组成人员在外事活动中,应当模范遵守外事纪律,维护国家尊严和利益。

第二十二条　常务委员会组成人员应当积极宣传人民代表大会制度,讲好中国民主故事、中国法治故事。

第二十三条　常务委员会组成人员严重违反本守则的,应当向委员长会议作出书面检查。常务委员会组成人员违法违纪的,依照法律和有关规定作出处理。

第二十四条　本守则自公布之日起施行。

行政法规

征兵工作条例

（1985年10月24日国务院、中央军委发布 根据2001年9月5日《国务院、中央军事委员会关于修改〈征兵工作条例〉的决定》第一次修订 2023年4月1日中华人民共和国国务院、中华人民共和国中央军事委员会令第759号第二次修订 自2023年5月1日起施行）

第一章 总 则

第一条 为了规范和加强征兵工作，根据《中华人民共和国兵役法》，制定本条例。

第二条 征兵工作坚持中国共产党的领导，贯彻习近平强军思想，贯彻新时代军事战略方针，服从国防需要，聚焦备战打仗，依法、精准、高效征集高素质兵员。

第三条 征兵是保障军队兵员补充、建设巩固国防和强大军队的一项重要工作。根据国防需要征集公民服现役的工作，适用本条例。

各级人民政府和军事机关应当依法履行征兵工作职责，完成征兵任务。

公民应当依法服兵役，自觉按照本条例的规定接受征集。

第四条 全国的征兵工作，在国务院、中央军事委员会领导下，由国防部负责，具体工作由国防部征兵办公室承办。国务院、中央军事委员会建立全国征兵工作部际联席会议制度，统筹协调全国征兵工作。

省、市、县各级征兵工作领导小组负责统筹协调本行政区域的征兵工作。县级以上地方人民政府组织兵役机关和宣传、教育、公安、人力资源社会保障、交通运输、卫生健康以及其他有关部门组成征兵办公室，负责组织实施本行政区域的征兵工作，承担本级征兵工作领导小组日常工作。有关部门在本级人民政府征兵办公室的统一组织下，按照职责分工做好征兵有关工作。

机关、团体、企业事业组织和乡、民族乡、镇的人民政府以及街道办事处，应当根据县、自治县、不设区的市、市辖区人民政府的安排和要求，办理本单位和本行政区域的征兵工作。设有人民武装部的单位，征兵工作由人民武装部办理；不设人民武装部的单位，确定一个部门办理。普通高等学校负责征兵工作的机构，应当协助兵役机关办理征兵工作有关事项。

第五条 全国每年征兵的人数、次数、时间和要求，由国务院、中央军事委员会的征兵命令规定。

县级以上地方人民政府和同级军事机关根据上级的征兵命令，科学分配征兵任务，下达本级征兵命令，部署本行政区域的征兵工作。

县级以上地方人民政府和同级军事机关建立征兵任务统筹机制，优先保证普通高等学校毕业生和对政治、身体条件或者专业技能有特别要求的兵员征集；对本行政区域内普通高等学校，可以直接分配征兵任务；对遭受严重灾害或者有其他特殊情况的地区，可以酌情调整征兵任务。

第六条 县级以上地方人民政府兵役机关应当会同有关部门加强对本行政区域内征兵工作的监督检查。

县级以上地方人民政府和同级军事机关应当将征兵工作情况作为有关单位及其负责人考核评价的内容。

第七条 军地有关部门应当将征兵信息化建设纳入国家电子政务以及军队信息化建设，实现兵役机关与宣传、发展改革、教育、公安、人力资源社会保障、卫生健康、退役军人工作以及军地其他部门间的信息共享和业务协同。

征兵工作有关部门及其工作人员应当对收集的个人信息依法予以保密，不得泄露或者向他人非法提供。

第八条 机关、团体、企业事业组织应当深入开展爱国主义、革命英雄主义、军队光荣历史和服役光荣的教育，增强公民国防观念和依法服兵役意识。

县级以上地方人民政府兵役机关应当会同宣传部门，协调组织网信、教育、文化等部门，开展征兵宣传工作，鼓励公民积极应征。

第九条 对在征兵工作中作出突出贡献的组织和个人，按照国家和军队有关规定给予表彰和奖励。

第二章 征兵准备

第十条 县级以上地方人民政府征兵办公室应当适时调整充实工作人员，开展征兵业务培训；根据需要，按照国家有关规定采取政府购买服务等方式开展征兵辅助工作。

第十一条 县、自治县、不设区的市、市辖区人民政府兵役机关应当适时发布兵役登记公告，组织机关、团体、企业事业组织和乡、民族乡、镇的人民政府以及街道办事处，对本单位和本行政区域当年12月31日以前年满18周岁的男性公民进行初次兵役登记，对参加过初次兵役登记的适龄男性公民进行信息核验更新。

公民初次兵役登记由其户籍所在地县、自治县、不设区的市、市辖区人民政府兵役机关负责，可以采取网络登记的方式进行，也可以到兵役登记站（点）现场登记。本人因身体等特殊原因不能自主完成登记的，可以委托其亲属代为登记，户籍所在地乡、民族乡、镇的人民政府以及街道办事处应当予以协助。

第十二条 县、自治县、不设区的市、市辖区人民政府兵役机关对经过初次兵役登记的男性公民,依法确定应服兵役、免服兵役或者不得服兵役,在公民兵役登记信息中注明,并出具兵役登记凭证。县、自治县、不设区的市、市辖区人民政府有关部门按照职责分工,为兵役机关核实公民兵役登记信息提供协助。

根据军队需要,可以按照规定征集女性公民服现役。

第十三条 依照法律规定应服兵役的公民,经初步审查具备下列征集条件的,为应征公民:

(一)拥护中华人民共和国宪法,拥护中国共产党领导和社会主义制度;

(二)热爱国防和军队,遵纪守法,具有良好的政治素质和道德品行;

(三)符合法律规定的征集年龄;

(四)具有履行军队岗位职责的身体条件、心理素质和文化程度等;

(五)法律规定的其他条件。

第十四条 应征公民缓征、不征集的,依照有关法律的规定执行。

第十五条 应征公民应当在户籍所在地应征;经常居住地与户籍所在地不在同一省、自治区、直辖市,符合规定条件的,可以在经常居住地应征。应征公民为普通高等学校的全日制在校生、应届毕业生的,可以在入学前户籍所在地或者学校所在地应征。

第十六条 县级以上人民政府公安、卫生健康、教育等部门按照职责分工,对应征公民的思想政治、健康状况和文化程度等信息进行初步核查。

应征公民根据乡、民族乡、镇和街道办事处人民武装部(以下统称基层人民武装部)或者普通高等学校负责征兵工作的机构的通知,在规定时限内,自行到全国范围内任一指定的医疗机构参加初步体检,初步体检结果在全国范围内互认。

第十七条 基层人民武装部和普通高等学校负责征兵工作的

37

机构选定初步核查、初步体检合格且思想政治好、身体素质强、文化程度高的应征公民为当年预定征集的对象，并通知本人。

县、自治县、不设区的市、市辖区人民政府兵役机关和基层人民武装部、普通高等学校负责征兵工作的机构应当加强对预定征集的应征公民的管理、教育和考察，了解掌握基本情况。

预定征集的应征公民应当保持与所在地基层人民武装部或者普通高等学校负责征兵工作的机构的联系，并根据县、自治县、不设区的市、市辖区人民政府兵役机关的通知按时应征。

预定征集的应征公民所在的机关、团体、企业事业组织应当督促其按时应征，并提供便利。

第三章 体格检查

第十八条 征兵体格检查由征集地的县级以上地方人民政府征兵办公室统一组织，本级卫生健康行政部门具体负责实施，有关单位予以协助。

第十九条 县级以上地方人民政府征兵办公室会同本级卫生健康行政部门指定符合标准条件和管理要求的医院或者体检机构设立征兵体检站。本行政区域内没有符合标准条件和管理要求的医院和体检机构的，经省级人民政府征兵办公室和卫生健康行政部门批准，可以选定适合场所设立临时征兵体检站。

设立征兵体检站的具体办法，由中央军事委员会机关有关部门会同国务院有关部门制定。

第二十条 基层人民武装部应当组织预定征集的应征公民按时到征兵体检站进行体格检查。送检人数由县、自治县、不设区的市、市辖区人民政府征兵办公室根据上级赋予的征兵任务和当地预定征集的应征公民体质情况确定。

体格检查前，县级以上地方人民政府征兵办公室应当组织对体检对象的身份、户籍、文化程度、专业技能、病史等相关信息进行现场核对。

第二十一条　负责体格检查工作的医务人员,应当严格执行应征公民体格检查标准、检查办法和其他有关规定,保证体格检查工作的质量。

对兵员身体条件有特别要求的,县级以上地方人民政府征兵办公室应当安排部队接兵人员参与体格检查工作。

第二十二条　县级以上地方人民政府征兵办公室根据需要组织对体格检查合格的应征公民进行抽查;抽查发现不合格人数比例较高的,应当全部进行复查。

第四章　政治考核

第二十三条　征兵政治考核由征集地的县级以上地方人民政府征兵办公室统一组织,本级公安机关具体负责实施,有关单位予以协助。

第二十四条　征兵政治考核主要考核预定征集的应征公民政治态度、现实表现及其家庭成员等情况。

第二十五条　对预定征集的应征公民进行政治考核,有关部门应当按照征兵政治考核的规定,核实核查情况,出具考核意见,形成考核结论。

对政治条件有特别要求的,县、自治县、不设区的市、市辖区人民政府征兵办公室还应当组织走访调查;走访调查应当安排部队接兵人员参加并签署意见,未经部队接兵人员签署意见的,不得批准入伍。

第五章　审定新兵

第二十八条　县级以上地方人民政府征兵办公室应当在审定新兵前,集中组织体格检查、政治考核合格的人员进行役前教育。

役前教育的时间、内容、方式以及相关保障等由省级人民政府征兵办公室规定。

第二十七条 县、自治县、不设区的市、市辖区人民政府征兵办公室应当组织召开会议集体审定新兵,对体格检查、政治考核合格的人员军事职业适应能力、文化程度、身体和心理素质等进行分类考评、综合衡量,择优确定拟批准服现役的应征公民,并合理分配入伍去向。审定新兵的具体办法由国防部征兵办公室制定。

第二十八条 烈士、因公牺牲军人、病故军人的子女、兄弟姐妹和现役军人子女,本人自愿应征并且符合条件的,应当优先批准服现役。

第二十九条 退出现役的士兵,本人自愿应征并且符合条件的,可以批准再次入伍,优先安排到原服现役单位或者同类型岗位服现役;具备任军士条件的,可以直接招收为军士。

第三十条 县、自治县、不设区的市、市辖区人民政府征兵办公室应当及时向社会公示拟批准服现役的应征公民名单,公示期不少于5个工作日。对被举报和反映有问题的拟批准服现役的应征公民,经调查核实不符合服现役条件或者有违反廉洁征兵有关规定情形的,取消入伍资格,出现的缺额从拟批准服现役的应征公民中依次递补。

第三十一条 公示期满,县、自治县、不设区的市、市辖区人民政府征兵办公室应当为批准服现役的应征公民办理入伍手续,开具应征公民入伍批准书,发给入伍通知书,并通知其户籍所在地的户口登记机关。新兵自批准入伍之日起,按照规定享受现役军人有关待遇保障。新兵家属享受法律法规规定的义务兵家庭优待金和其他优待保障。

县、自治县、不设区的市、市辖区人民政府征兵办公室应当为新兵建立入伍档案,将应征公民入伍批准书、应征公民政治考核表、应征公民体格检查表以及国防部征兵办公室规定的其他材料装入档案。

第三十二条　县级以上地方人民政府可以采取购买人身意外伤害保险等措施，为应征公民提供相应的权益保障。

第三十三条　已被普通高等学校录取或者正在普通高等学校就学的学生，被批准服现役的，服现役期间保留入学资格或者学籍，退出现役后两年内允许入学或者复学。

第三十四条　在征集期间，应征公民被征集服现役，同时被机关、团体、企业事业组织招录或者聘用的，应当优先履行服兵役义务；有关机关、团体、企业事业组织应当支持其应征入伍，有条件的应当允许其延后入职。

被批准服现役的应征公民，是机关、团体、企业事业组织工作人员的，由原单位发给离职当月的全部工资、奖金及各种补贴。

第六章　交接运输新兵

第三十五条　交接新兵采取兵役机关送兵、新兵自行报到以及部队派人领兵、接兵等方式进行。

依托部队设立的新兵训练机构成规模集中组织新兵训练的，由兵役机关派人送兵或者新兵自行报到；对政治、身体条件或者专业技能有特别要求的兵员，通常由部队派人接兵；其他新兵通常由部队派人领兵。

第三十六条　在征兵开始日的15日前，军级以上单位应当派出联络组，与省级人民政府征兵办公室联系，商定补兵区域划分、新兵交接方式、被装保障、新兵运输等事宜。

第三十七条　由兵役机关送兵的，应当做好下列工作：

（一）省级人民政府征兵办公室与新兵训练机构商定送兵到达地点、途中转运和交接等有关事宜，制定送兵计划，明确送兵任务；

（二）征集地的县、自治县、不设区的市、市辖区人民政府征兵办公室于新兵起运前完成新兵档案审核并密封，出发前组织新兵与送兵人员集体见面；

（三）新兵训练机构在驻地附近交通便利的车站、港口码头、机场设立接收点，负责接收新兵，并安全送达营区，于新兵到达营区24小时内与送兵人员办理完毕交接手续。

第三十八条　由新兵自行报到的，应当做好下列工作：

（一）县、自治县、不设区的市、市辖区人民政府征兵办公室根据上级下达的计划，与新兵训练机构商定新兵报到地点、联系办法、档案交接和人员接收等有关事宜，及时向新兵训练机构通报新兵名单、人数、到达时间等事项；

（二）县、自治县、不设区的市、市辖区人民政府征兵办公室书面告知新兵报到地点、时限、联系办法、安全要求和其他注意事项；

（三）新兵训练机构在新兵报到地点的车站、港口码头、机场设立报到处，组织接收新兵；

（四）新兵训练机构将新兵实际到达时间、人员名单及时函告征集地的县、自治县、不设区的市、市辖区人民政府征兵办公室；

（五）新兵未能按时报到的，由县、自治县、不设区的市、市辖区人民政府征兵办公室查明情况，督促其尽快报到，并及时向新兵训练机构通报情况，无正当理由不按时报到或者不报到的，按照有关规定处理。

第三十九条　由部队派人领兵的，应当做好下列工作：

（一）领兵人员于新兵起运前7至10日内到达领兵地区，对新兵档案进行审核，与新兵集体见面，及时协商解决发现的问题。县、自治县、不设区的市、市辖区人民政府征兵办公室于部队领兵人员到达后，及时将新兵档案提供给领兵人员；

（二）交接双方于新兵起运前1日，在县、自治县、不设区的市、市辖区人民政府征兵办公室所在地或者双方商定的交通便利的地点，一次性完成交接。

第四十条　由部队派人接兵的，应当做好下列工作：

（一）接兵人员于征兵开始日前到达接兵地区，协助县、自治县、不设区的市、市辖区人民政府征兵办公室开展工作，共同把好新兵质量关；

（二）县、自治县、不设区的市、市辖区人民政府征兵办公室向部队接兵人员介绍征兵工作情况，商定交接新兵等有关事宜；

（三）交接双方在起运前完成新兵及其档案交接。

第四十一条 兵役机关送兵和部队派人领兵、接兵的，在兵役机关与新兵训练机构、部队交接前发生的问题以兵役机关为主负责处理，交接后发生的问题以新兵训练机构或者部队为主负责处理。

新兵自行报到的，新兵到达新兵训练机构前发生的问题以兵役机关为主负责处理，到达后发生的问题以新兵训练机构为主负责处理。

第四十二条 兵役机关送兵和部队派人领兵、接兵的，交接双方应当按照征集地的县、自治县、不设区的市、市辖区人民政府征兵办公室统一编制的新兵花名册，清点人员，核对档案份数，当面点交清楚，并在新兵花名册上签名确认。交接双方在交接过程中，发现新兵人数、档案份数有问题的，应当协商解决后再办理交接手续；发现有其他问题的，先行办理交接手续，再按照有关规定处理。

新兵自行报到的，档案由征集地的县、自治县、不设区的市、市辖区人民政府征兵办公室自新兵起运后10日内通过机要邮寄或者派人送交新兵训练机构。

第四十三条 新兵训练机构自收到新兵档案之日起5日内完成档案审查；部队领兵、接兵人员于新兵起运48小时前完成档案审查。档案审查发现问题的，函告或者当面告知征集地的县、自治县、不设区的市、市辖区人民政府征兵办公室处理。

对新兵档案中的问题，征集地的县、自治县、不设区的市、市辖区人民政府征兵办公室自收到新兵训练机构公函之日起25日内处理完毕；部队领兵、接兵人员当面告知的，应当于新兵起运24小时前处理完毕。

第四十四条 新兵的被装，由军队被装调拨单位调拨到县、自治县、不设区的市、市辖区人民政府兵役机关指定地点,由县、自治县、不设区的市、市辖区人民政府兵役机关在新兵起运前发给新兵。

第四十五条　中央军事委员会后勤保障部门应当会同国务院交通运输主管部门组织指导有关单位制定新兵运输计划。

在征兵开始日后的 5 日内,省级人民政府征兵办公室应当根据新兵的人数和乘车、船、飞机起止地点,向联勤保障部队所属交通运输军事代表机构提出本行政区域新兵运输需求。

第四十六条　联勤保障部队应当组织军地有关单位实施新兵运输计划。军地有关单位应当加强新兵运输工作协调配合,交通运输企业应当及时调配运力,保证新兵按照运输计划安全到达新兵训练机构或者部队。

县、自治县、不设区的市、市辖区人民政府征兵办公室和部队领兵、接兵人员,应当根据新兵运输计划按时组织新兵起运;在起运前,应当对新兵进行编组,并进行安全教育和检查,防止发生事故。

交通运输军事代表机构以及沿途军用饮食供应站应当主动解决新兵运输中的有关问题。军用饮食供应站和送兵、领兵、接兵人员以及新兵应当接受交通运输军事代表机构的指导。

第四十七条　新兵起运时,有关地方人民政府应当组织欢送;新兵到达时,新兵训练机构或者部队应当组织欢迎。

第七章　检疫、复查和退回

第四十八条　新兵到达新兵训练机构或者部队后,新兵训练机构或者部队应当按照规定组织新兵检疫和复查。经检疫发现新兵患传染病的,应当及时隔离治疗,并采取必要的防疫措施;经复查发现新兵入伍前有犯罪嫌疑的,应当采取必要的控制措施。

第四十九条　经检疫和复查,发现新兵因身体原因不适宜服现役,或者政治情况不符合条件的,作退回处理。作退回处理的期限,自新兵到达新兵训练机构或者部队之日起,至有批准权的军队政治工作部门批准后向原征集地的设区的市级或者省级人民政府征兵办公室发函之日止,不超过45日。

因身体原因退回的,须经军队医院检查证明,由旅级以上单位政治工作部门批准,并函告原征集地的设区的市级人民政府征兵办公室。

因政治原因退回的,新兵训练机构或者部队应当事先与原征集地的省级人民政府征兵办公室联系核查,确属不符合条件的,经旅级以上单位政治工作部门核实,由军级以上单位政治工作部门批准,并函告原征集地的省级人民政府征兵办公室。

第五十条 新兵自批准入伍之日起,至到达新兵训练机构或者部队后45日内,受伤或者患病的,军队医疗机构给予免费治疗,其中,可以治愈、不影响服现役的,不作退回处理;难以治愈或者治愈后影响服现役的,由旅级以上单位根据军队医院出具的认定结论,函告原征集地的设区的市级人民政府征兵办公室,待病情稳定出院后作退回处理,退回时间不受限制。

第五十一条 退回人员返回原征集地后,由原征集地人民政府按照有关规定纳入社会保障体系,享受相应待遇。

需回地方接续治疗的退回人员,旅级以上单位应当根据军队医院出具的证明,为其开具接续治疗函,并按照规定给予军人保险补偿;原征集地人民政府应当根据接续治疗函,安排有关医疗机构予以优先收治;已经参加当地基本医疗保险的,医疗费用按照规定由医保基金支付;符合医疗救助条件的,按照规定实施救助。

第五十二条 新兵作退回处理的,新兵训练机构或者部队应当做好退回人员的思想工作,派人将退回人员及其档案送回原征集地的设区的市级人民政府征兵办公室;经与原征集地的设区的市级人民政府征兵办公室协商达成一致,也可以由其接回退回人员及其档案。

退回人员及其档案交接手续,应当自新兵训练机构、部队人员到达之日起7个工作日内,或者征兵办公室人员到达之日起7个工作日内办理完毕。

第五十三条 原征集地的设区的市级人民政府征兵办公室应当及时核实退回原因以及有关情况,查验退回审批手续以及相关证明材料,核对新兵档案,按照国家和军队有关规定妥善保存和处置新兵档案。

原征集地的设区的市级人民政府征兵办公室对退回人员身体复查结果有异议的,按照规定向指定的医学鉴定机构提出鉴定申请;医学鉴定机构应当在5个工作日内完成鉴定工作,形成最终鉴定结论。经鉴定,符合退回条件的,由原征集地的设区的市级人民政府征兵办公室接收;不符合退回条件的,继续服现役。

第五十四条 对退回的人员,原征集地的县、自治县、不设区的市、市辖区人民政府征兵办公室应当注销其应征公民入伍批准书,通知其户籍所在地的户口登记机关。

第五十五条 退回人员原是机关、团体、企业事业组织工作人员的,原单位应当按照有关规定准予复工、复职;原是已被普通高等学校录取或者正在普通高等学校就学的学生的,原学校应当按照有关规定准予入学或者复学。

第五十六条 义务兵入伍前有下列行为之一的,作退回处理,作退回处理的期限不受本条例第四十九条第一款的限制,因被征集服现役而取得的相关荣誉、待遇、抚恤优待以及其他利益,由有关部门予以取消、追缴:

(一)入伍前有犯罪行为或者记录,故意隐瞒的;

(二)入伍前患有精神类疾病、神经系统疾病、艾滋病(含病毒携带者)、恶性肿瘤等影响服现役的严重疾病,故意隐瞒的;

(三)通过提供虚假入伍材料或者采取行贿等非法手段取得入伍资格的。

按照前款规定作退回处理的,由军级以上单位政治工作部门函告原征集地的省级人民政府征兵办公室进行调查核实;情况属实的,报军级以上单位批准后,由原征集地的县、自治县、不设区的市、市辖区人民政府征兵办公室负责接收。

第八章 经费保障

第五十七条 开展征兵工作所需经费按照隶属关系分级保障。兵役征集费开支范围、管理使用办法,由中央军事委员会机关有关部门会同国务院有关部门制定。

第五十八条 新兵被装调拨到县、自治县、不设区的市、市辖区人民政府兵役机关指定地点所需的费用,由军队被装调拨单位负责保障;县、自治县、不设区的市、市辖区人民政府兵役机关下发新兵被装所需的运输费列入兵役征集费开支。

第五十九条 征集的新兵,实行兵役机关送兵或者新兵自行报到的,从县、自治县、不设区的市、市辖区新兵集中点前往新兵训练机构途中所需的车船费、伙食费、住宿费,由新兵训练机构按照规定报销;部队派人领兵、接兵的,自部队接收之日起,所需费用由部队负责保障。军队有关部门按照统一组织实施的军事运输安排产生的运费,依照有关规定结算支付。

第六十条 送兵人员同新兵一起前往新兵训练机构途中所需的差旅费,由新兵训练机构按照规定报销;送兵人员在新兵训练机构办理新兵交接期间,住宿由新兵训练机构负责保障,伙食补助费和返回的差旅费列入兵役征集费开支。

第六十一条 新兵训练机构或者部队退回不合格新兵的费用,在与有关地方人民政府征兵办公室办理退回手续之前,由新兵训练机构或者部队负责;办理退回手续之后,新兵训练机构或者部队人员返回的差旅费由其所在单位按照规定报销,其他费用由有关地方人民政府征兵办公室负责。

第六十二条 义务兵家庭优待金按照国家有关规定由中央财

政和地方财政共同负担,实行城乡统一标准,由批准入伍地的县、自治县、不设区的市、市辖区人民政府按照规定发放。

县级以上人民政府征兵办公室应当向本级财政、退役军人工作主管部门提供当年批准入伍人数,用于制定义务兵家庭优待金分配方案。

第九章 战时征集

第六十三条 国家发布动员令或者国务院、中央军事委员会依法采取国防动员措施后,各级人民政府和军事机关必须按照要求组织战时征集。

第六十四条 战时根据需要,国务院和中央军事委员会可以在法律规定的范围内调整征集公民服现役的条件和办法。

战时根据需要,可以重点征集退役军人,补充到原服现役单位或者同类型岗位。

第六十五条 国防部征兵办公室根据战时兵员补充需求,指导县级以上地方人民政府征兵办公室按照战时征集的条件和办法组织实施征集工作。

第六十六条 应征公民接到兵役机关的战时征集通知后,必须按期到指定地点参加应征。

机关、团体、企业事业组织和乡、民族乡、镇的人民政府以及街道办事处必须组织本单位和本行政区域战时征集对象,按照规定的时间、地点报到。

从事交通运输的单位和个人,应当优先运送战时征集对象;其他组织和个人应当为战时征集对象报到提供便利。

第十章 法律责任

第六十七条 有服兵役义务的公民拒绝、逃避兵役登记的,应征公民拒绝、逃避征集服现役的,依法给予处罚。

新兵以逃避服兵役为目的,拒绝履行职责或者逃离部队的,依法给予处分或者处罚。

第六十八条 机关、团体、企业事业组织拒绝完成征兵任务的,阻挠公民履行兵役义务的,或者有其他妨害征兵工作行为的,对单位及负有责任的人员,依法给予处罚。

第六十九条 国家工作人员、军队人员在征兵工作中,有贪污贿赂、徇私舞弊、滥用职权、玩忽职守以及其他违反征兵工作规定行为的,依法给予处分。

第七十条 违反本条例规定,构成犯罪的,依法追究刑事责任。

第七十一条 本条例第六十七条、第六十八条规定的处罚,由县级以上地方人民政府兵役机关会同有关部门查明事实,经同级地方人民政府作出处罚决定后,由县级以上地方人民政府兵役机关、发展改革、公安、卫生健康、教育、人力资源社会保障等部门按照职责分工具体执行。

第十一章 附　　则

第七十二条 征集公民到中国人民武装警察部队服现役的工作,适用本条例。

第七十三条 从非军事部门招收现役军官(警官)、军士(警士)的体格检查、政治考核、办理入伍手续等工作,参照本条例有关规定执行。

第七十四条 本条例自2023年5月1日起施行。

国务院文件

国务院办公厅关于上市公司独立董事制度改革的意见

（2023年4月7日　国办发〔2023〕9号）

上市公司独立董事制度是中国特色现代企业制度的重要组成部分,是资本市场基础制度的重要内容。独立董事制度作为上市公司治理结构的重要一环,在促进公司规范运作、保护中小投资者合法权益、推动资本市场健康稳定发展等方面发挥了积极作用。但随着全面深化资本市场改革向纵深推进,独立董事定位不清晰、责权利不对等、监督手段不够、履职保障不足等制度性问题亟待解决,已不能满足资本市场高质量发展的内在要求。为进一步优化上市公司独立董事制度,提升独立董事履职能力,充分发挥独立董事作用,经党中央、国务院同意,现提出以下意见。

一、总体要求

（一）指导思想。坚持以习近平新时代中国特色社会主义思想为指导,深入贯彻党的二十大精神,坚持以人民为中心的发展思想,完整、准确、全面贯彻新发展理念,加强资本市场基础制度建设,系统完善符合中国特色现代企业制度要求的上市公司独立董事制度,大力提高上市公司质量,为加快建设规范、透明、开放、有活力、有韧性的资本市场提供有力支撑。

（二）基本原则。坚持基本定位,将独立董事制度作为上市公司治理重要制度安排,更加有效发挥独立董事的决策、监督、咨询作用。坚持立足国情,体现中国特色和资本市场发展阶段特征,构建符合我国国情的上市公司独立董事制度体系。坚持系统观念，平衡好企业各治理主体的关系，把握好制度供给和市场培育的协同，做好立法、执法、司法各环节衔接，增强改革的系统性、整体性、协同性。坚持问题导向，着力补短板强弱项，从独立董事的地位、作用、选择、管理、监督等方面作出制度性规范，切实解决制约独立董事发挥作用的突出问题，强化独立董事监督效能，确保独立董事发挥应有作用。

（三）主要目标。通过改革，加快形成更加科学的上市公司独立董事制度体系，推动独立董事权责更加匹配、职能更加优化、监督更加有力、选任管理更加科学，更好发挥上市公司独立董事制度在完善中国特色现代企业制度、健全企业监督体系、推动资本市场健康稳定发展方面的重要作用。

二、主要任务

（一）明确独立董事职责定位。完善制度供给，明确独立董事在上市公司治理中的法定地位和职责界限。独立董事作为上市公司董事会成员，对上市公司及全体股东负有忠实义务、勤勉义务，在董事会中发挥参与决策、监督制衡、专业咨询作用，推动更好实现董事会定战略、作决策、防风险的功能。更加充分发挥独立董事的监督作用，根据独立董事独立性、专业性特点，明确独立董事应当特别关注公司与其控股股东、实际控制人、董事、高级管理人员之间的潜在重大利益冲突事项，重点对关联交易、财务会计报告、董事及高级管理人员任免、薪酬等关键领域进行监督，促使董事会决策符合公司整体利益，尤其是保护中小股东合法权益。压实独立董事监督职责，对独立董事审议潜在重大利益冲突事项设置严格的履职要求。推动修改公司法，完善独立董事相关规定。

（二）优化独立董事履职方式。鼓励上市公司优化董事会组成结构，上市公司董事会中独立董事应当占三分之一以上，国有控股上市公司董事会中外部董事（含独立董事）应当占多数。加大监督力度，搭建独立董事有效履职平台，前移监督关口。上市公司董事会应当设立审计委员会,成员全部由非执行董事组成,其中独立董事占多数。审计委员会承担审核公司财务信息及其披露、监督及评估内外部审计工作和公司内部控制等职责。财务会计报告及其披露等重大事项应当由审计委员会事前认可后,再提交董事会审议。在上市公司董事会中逐步推行建立独立董事占多数的提名委员会、薪酬与考核委员会,负责审核董事及高级管理人员的任免、薪酬等事项并向董事会提出建议。建立全部由独立董事参加的专门会议机制,关联交易等潜在重大利益冲突事项在提交董事会审议前,应当由独立董事专门会议进行事前认可。完善独立董事参与董事会专门委员会和专门会议的信息披露要求,提升独立董事履职的透明度。完善独立董事特别职权,推动独立董事合理行使独立聘请中介机构、征集股东权利等职权,更好履行监督职责。健全独立董事与中小投资者之间的沟通交流机制。

（三）强化独立董事任职管理。独立董事应当具备履行职责所必需的专业知识、工作经验和良好的个人品德,符合独立性要求,与上市公司及其主要股东、实际控制人存在亲属、持股、任职、重大业务往来等利害关系(以下简称利害关系)的人员不得担任独立董事。建立独立董事资格认定制度,明确独立董事资格的申请、审查、公开等要求,审慎判断上市公司拟聘任的独立董事是否符合要求,证券监督管理机构要加强对资格认定工作的组织和监督。国有资产监督管理机构要加强对国有控股上市公司独立董事选聘管理的监督。拓展优秀独立董事来源,适应市场化发展需要,探索建立独立董事信息库,鼓励具有丰富的行业经验、企业经营管理经验和财务会计、金融、法律等业务专长,在所从事的领域内有较高声誉的人士担任独立董事。制定独立董事职业道德规范,倡导独立董事塑造正直诚信、公正独立、积极履职的良好职业形象。提升独立董事培训针对性,明确最低时间要求,增强独立董事合规意识。

（四）改善独立董事选任制度。优化提名机制,支持上市公司董事会、监事会、符合条件的股东提名独立董事,鼓励投资者保护机构等主体依法通过公开征集股东权利的方式提名独立董事。建立提名回避机制,上市公司提名人不得提名与其存在利害关系的人员或者有其他可能影响独立履职情形的关系密切人员作为独立董事候选人。董事会提名委员会应当对候选人的任职资格进行审查,上市公司在股东大会选举前应当公开提名人、被提名人和候选人资格审查情况。上市公司股东大会选举独立董事推行累积投票制,鼓励通过差额选举方式实施累积投票制,推动中小投资者积极行使股东权利。建立独立董事独立性定期测试机制,通过独立董事自查、上市公司评估、信息公开披露等方式,确保独立董事持续独立履职,不受上市公司及其主要股东、实际控制人影响。对不符合独立性要求的独立董事,上市公司应当立即停止其履行职责,按照法定程序解聘。

(五)加强独立董事履职保障。健全上市公司独立董事履职保障机制,上市公司应当从组织、人员、资源、信息、经费等方面为独立董事履职提供必要条件,确保独立董事依法充分履职。鼓励上市公司推动独立董事提前参与重大复杂项目研究论证等环节,推动独立董事履职与公司内部决策流程有效融合。落实上市公司及相关主体的独立董事履职保障责任,丰富证券监督管理机构监管手段,强化对上市公司及相关主体不配合、阻挠独立董事履职的监督管理。畅通独立董事与证券监督管理机构、证券交易所的沟通渠道,健全独立董事履职受限救济机制。鼓励上市公司为独立董事投保董事责任保险,支持保险公司开展符合上市公司需求的相关责任保险业务,降低独立董事正常履职的风险。

(六)严格独立董事履职情况监督管理。压紧压实独立董事履职责任,进一步规范独立董事日常履职行为,明确最低工作时间,提出制作工作记录、定期述职等要求,确定独立董事合理兼职的上市公司家数,强化独立董事履职投入。证券监督管理机构、证券交易所通过现场检查、非现场监管、自律管理等方式,加大对独立董事履职的监管力度,督促独立董事勤勉尽责。发挥自律组织作用,持续优化自我管理和服务,加强独立董事职业规范和履职支撑。完善独立董事履职评价制度,研究建立覆盖科学决策、监督问效、建言献策等方面的评价标准,国有资产监督管理机构加强对国有控股上市公司独立董事履职情况的跟踪指导。建立独立董事声誉激励约束机制,将履职情况纳入资本市场诚信档案,推动实现正向激励与反面警示并重,增强独立董事职业认同感和荣誉感。

(七)健全独立董事责任约束机制。坚持"零容忍"打击证券违法违规行为,加大对独立董事不履职不尽责的责任追究力度,独立董事不勤勉履行法定职责、损害公司或者股东合法权益的,依法严肃追责。按照责权利匹配的原则,兼顾独立董事的董事地位和外部身份特点,明确独立董事与非独立董事承担共同而有区别的法律责任,在董事对公司董事会决议、信息披露负有法定责任的基础上,推动针对性设置独立董事的行政责任、民事责任认定标准,体现过罚相当、精准追责。结合独立董事的主观过错、在决策过程中所起的作用、了解信息的途径、为核验信息采取的措施等情况综合判断,合理认定独立董事承担民事赔偿责任的形式、比例和金额,实现法律效果和社会效果的有机统一。推动修改相关法律法规,构建完善的独立董事责任体系。

(八)完善协同高效的内外部监督体系。建立健全与独立董事监督相协调的内部监督体系,形成各类监督全面覆盖、各有侧重、有机互动的上市公司内部监督机制,全面提升公司治理水平。推动加快建立健全依法从严打击证券违法犯罪活动的执法司法体制机制,有效发挥证券服务机构、社会舆论等监督作用,形成对上市公司及其控股股东、实际控制人等主体的强大监督合力。健全具有中国特色的国有企业监督机制,推动加强纪检监察监督、巡视监督、国有资产监管、审计监督、财会监督、社会监督等统筹衔接,进一步提高国有控股上市公司监督整体效能。

三、组织实施

(一)加强党的领导。坚持党对上市公司独立董事制度改革工作的全面领导,确保正确政治方向。各相关地区、部门和单位要切实把思想和行动统一到党中央、国务院决策部署上来,高度重视和支持上市公司独立董事制度改革工作,明确职责分工和落实措施,确保各项任务落到实处。各相关地区、部门和单位要加强统筹协调衔接,形成工作合力,提升改革整体效果。国有控股上市公司要落实"两个一以贯之"要求,充分发挥党委(党组)把方向、管大局、保落实的领导作用,支持董事会和独立董事依法行使职权。

(二)完善制度供给。各相关地区、部门和单位要根据自身职责,完善上市公司独立董事制度体系,推动修改公司法等法律,明确独立董事的设置、责任等基础性法律规定。制定上市公司监督管理条例,落实独立董事的职责定位、选任管理、履职方式、履职保障、行政监管等制度措施。完善证券监督管理机构、证券交易所等配套规则,细化上市公司独立董事制度各环节具体要求,构建科学合理、互相衔接的规则体系,充分发挥法治的引领、规范、保障作用。国有资产监督管理机构加强对国有控股上市公司的监督管理,指导国有控股股东依法履行好职责,推动上市公司独立董事更好发挥作用。财政部门和金融监督管理部门统筹完善金融机构独立董事相关规则。国有文化企业国资监管部门统筹落实坚持正确导向相关要求,推动国有文化企业坚持把社会效益放在首位、实现社会效益和经济效益相统一,加强对国有文化上市公司独立董事的履职管理。各相关地区、部门和单位要加强协作,做好上市公司独立董事制度与国有控股上市公司、金融类上市公司等主体公司治理相关规定的衔接。

(三)加大宣传力度。各相关地区、部门和单位要做好宣传工作,多渠道、多平台加强对上市公司独立董事制度改革重要意义的宣传,增进认知认同、凝聚各方共识,营造良好的改革环境和崇法守信的市场环境。

国务院办公厅关于推动外贸稳规模优结构的意见

（2023年4月11日　国办发〔2023〕10号）

外贸是国民经济的重要组成部分，推动外贸稳规模优结构，对稳增长稳就业、构建新发展格局、推动高质量发展具有重要支撑作用。为全面贯彻落实党的二十大精神，更大力度推动外贸稳规模优结构，确保实现进出口促稳提质目标任务，经国务院同意，现提出以下意见：

一、强化贸易促进拓展市场

（一）优化重点展会供采对接。推动国内线下展会全面恢复。办好中国国际进口博览会、中国进出口商品交易会、中国国际服务贸易交易会、中国国际消费品博览会等重点展会。支持中国进出口商品交易会优化展区设置和参展企业结构，常态化运营线上平台。各地方和贸促机构、商协会进一步加大对外贸企业参加各类境外展会的支持力度，加强组织协调和服务保障，持续培育境外自办展会、扩大办展规模。

（二）便利跨境商务人员往来。加强对外沟通，提高APEC商务旅行卡办理效率，加大工作力度推动其他国家畅通我商务人员申办签证渠道、提高办理效率。继续为境外客商办理来华签证提供便利。研究优化远端检测措施。尽快推进国际客运航班特别是国内重点航空枢纽的国际客运航班稳妥有序恢复，推动中外航空公司复航增班，更好为商务人员往来提供航空运输保障。

（三）加强拓市场服务保障。我驻外使领馆通过完善合作机制、加强信息交流、推介重点展会等举措，创造更多贸易机会，加大对外贸企业特别是中小微外贸企业开拓市场的支持力度。发挥贸促机构驻外代表处作用，做好信息咨询、企业对接、商事法律等方面服务。发布相关国别贸易指南,想方设法稳住对发达经济体出口,引导企业深入开拓发展中国家市场和东盟等区域市场。支持外贸大省发挥好稳外贸主力军作用。

二、稳定和扩大重点产品进出口规模

（四）培育汽车出口优势。各地方、商协会组织汽车企业与航运企业进行直客对接,引导汽车企业与航运企业签订中长期协议。鼓励中资银行及其境外机构在依法合规、风险可控前提下,创新金融产品和服务,为汽车企业在海外提供金融支持。各地方进一步支持汽车企业建立和完善国际营销服务体系,提升在海外开展品牌宣传、展示销售、售后服务方面的能力。

（五）提升大型成套设备企业的国际合作水平。加大出口信用保险支持力度,更好服务大型成套设备项目。金融机构在加强风险防控基础上,统筹考虑项目具体情况,保障大型成套设备项目合理资金需求。鼓励各地方通过开展招聘服务等方式,保障企业用工需求,加强岗位技能培训,确保履约交付,推动行业长期健康发展。

（六）扩大先进技术设备进口。加快修订鼓励进口技术和产品目录,进一步提高进口贴息政策精准性,引导企业扩大国内短缺的先进技术设备进口。

三、加大财政金融支持力度

（七）用足用好中央财政资金政策。开展第二批外经贸提质增效示范工作。研究设立服务贸易创新发展引导基金二期。

（八）加大进出口信贷支持。商业性金融机构进一步提升中西部地区分支机构在贸易融资、结算等业务方面的服务能力。鼓励银行和保险机构扩大保单融资增信合作,加大对中小微外贸企业的融资增信支持力度。在依法合规、风险可控前提下,鼓励国有大型金融机构加大资源倾斜,积极满足中小微企业外贸融资需求。鼓励政府性融资担保机构为符合条件的小微外贸企业提供融资增信支持。

（九）更好发挥出口信用保险作用。进一步扩大出口信用保险承保规模和覆盖面。加大对跨境电商等新业态新模式的支持力度，加快拓展产业链承保，进一步扩大对中小微外贸企业的承保覆盖面，优化承保和理赔条件。

（十）优化跨境结算服务。鼓励金融机构创新完善外汇衍生品和跨境人民币业务，进一步扩大跨境贸易人民币结算规模，更好满足外贸企业汇率避险和跨境人民币结算需求。支持各地方加强政策宣介、优化公共服务，推动银企精准对接、企业充分享惠。

四、加快对外贸易创新发展

（十一）稳定和提升加工贸易。强化用工、用能、信贷等要素保障，引导加工贸易向中西部、东北地区梯度转移，促进加工贸易持续健康发展和产业链供应链稳定。新认定一批国家加工贸易产业园。办好中国加工贸易产品博览会，支持东中西部产业交流对接。加快推进一批"两头在外"重点保税维修试点项目落地，强化全生命周期服务保障。

（十二）完善边境贸易支持政策。做大沿边省份对外贸易。有力有序推进边民互市贸易进口商品落地加工试点工作。探索建设边民互市贸易进口商品数据监测平台。修订出台边民互市贸易管理办法，优化边民互市贸易多元化发展的政策环境，增加自周边国家进口。

（十三）推进贸易数字化。支持大型外贸企业运用新技术自建数字平台，培育服务中小微外贸企业的第三方综合数字化解决方案供应商。支持粤港澳大湾区全球贸易数字化领航区发展，加快贸易全链条数字化赋能，充分发挥先行示范效应，适时总结发展经验。在粤港澳大湾区、长三角地区，2023—2025年每年遴选5—10个数字化推动贸易高质量发展的典型案例，并推广应用。

（十四）发展绿色贸易。指导商协会等行业组织制订外贸产品绿色低碳标准，支持相关产品进一步开拓国际市场。组织开展重点行业企业培训，增强企业绿色低碳发展意识和能力。

(十五)推动跨境电商健康持续创新发展。支持外贸企业通过跨境电商等新业态新模式拓展销售渠道、培育自主品牌。鼓励各地方结合产业和禀赋优势,创新建设跨境电商综合试验区,积极发展"跨境电商+产业带"模式,带动跨境电商企业对企业出口。加快出台跨境电商知识产权保护指南,引导跨境电商企业防范知识产权风险。建设跨境电商综合试验区线上综合服务平台并发挥好其作用,指导企业用好跨境电商零售出口相关税收政策措施。持续完善跨境电商综合试验区考核评估机制,做好评估结果应用,充分发挥优秀试点示范引领作用。

五、优化外贸发展环境

(十六)妥善应对国外不合理贸易限制措施。加强对地方和外贸企业的培训指导,对受影响的重点实体帮扶纾困。发挥好预警体系和法律服务机制作用,支持各级应对贸易摩擦工作站和预警点提升公共服务能力,帮助企业积极应对不合理贸易限制措施。发挥贸促机构作用,做好风险评估和排查。

(十七)提升贸易便利化水平。深入推进"单一窗口"建设,扩大"联动接卸"、"船边直提"等措施应用范围,提高货物流转效率。稳步实施多元化税收担保,助力企业减负增效。加大对外贸企业的信用培育力度,使更多符合认证标准的外贸企业成为海关"经认证的经营者"(AEO)。进一步便利出口退税办理,推动实现出口退税申报报关单、发票"免填报",更好服务广大外贸企业。各地方做好供需对接和统筹调度,健全应急运力储备,完善应急预案,保障外贸货物高效畅通运输。提升口岸通关效率、强化疏导分流、补齐通道短板、提升口岸过货能力。

(十八)更好发挥自由贸易协定效能。高质量实施已生效的自由贸易协定,编发重点行业应用指南,深入开展《区域全面经济伙伴关系协定》(RCEP)等专题培训,组织论坛等多种形式的交流活动,加强地方和企业经验分享,提高对企业的公共服务水平,不断提升自由贸易协定的综合利用率。鼓励和指导地方组织面向

RCEP等自由贸易伙伴的贸易促进活动。

六、加强组织实施

各地方、各相关部门和单位要以习近平新时代中国特色社会主义思想为指导，全面贯彻党的二十大精神，坚决落实党中央决策部署，高度重视、切实做好推动外贸稳规模优结构工作，全力实现进出口促稳提质目标任务。鼓励各地方因地制宜出台配套支持政策，增强政策协同效应。商务部要会同各相关部门和单位密切跟踪外贸运行情况，分析形势变化，针对不同领域实际问题，不断充实、调整和完善相关政策，加强协作配合和政策指导，实施好稳外贸政策组合拳，帮助企业稳订单拓市场。

（本文有删减）

国务院办公厅关于优化调整稳就业政策措施全力促发展惠民生的通知

（2023年4月19日　国办发〔2023〕11号）

为全面贯彻党的二十大和中央经济工作会议、全国"两会"精神，落实国务院2023年重点工作分工要求，深入实施就业优先战略，多措并举稳定和扩大就业岗位，全力促发展惠民生，经国务院同意，现就优化调整稳就业政策措施有关事项通知如下：

一、激发活力扩大就业容量

（一）加大对吸纳就业能力强的行业企业扩岗政策支持。及时梳理本地区带动就业能力强、涉及国计民生和生产保供的企业清单，配备就业服务专员，建立岗位收集、技能培训、送工上岗联动机制。对吸纳高校毕业生等重点群体就业的，在符合发放条件的前提下，运用"直补快办"等模式，一揽子兑现社会保险补贴、吸纳就业补贴、职业培训补贴等政策。支持各地在符合国家规定的前提下出台地方性政策，为吸纳就业能力强的行业企业扩大岗位供给提供有力支撑。

（二）支持金融机构开展稳岗扩岗服务和贷款业务。鼓励金融机构面向吸纳就业人数多、稳岗效果好且用工规范的实体经济和小微企业发放贷款，支持其稳岗扩岗。支持金融机构在依法合规、风险可控的前提下，优化贷款审批流程，合理确定贷款额度，增加信用贷等支持，为符合条件的小微企业提供续贷支持。

（三）发挥创业带动就业倍增效应。聚焦高校毕业生、农民工等群体创业需求，支持其创办投资少、风险小的创业项目，从事创意经济、个性化定制化文化业态等特色经营。落实创业担保贷款及贴息政策，简化担保手续，对符合条件的落实免除反担保要求，健全风险分担机制和呆账核销机制。创业担保贷款借款人因自然灾害、重特大突发事件影响流动性遇到暂时困难的，可申请展期还款，期限原则上不超过1年，政策实施期限截至2023年12月31日。

（四）加大技能培训支持力度。适应数字中国、健康中国、制造强国等建设和本地区产业发展需求，积极推动各类职业院校（含技工院校）、职业培训机构和符合条件的企业大规模开展重点行业、急需紧缺职业（工种）技能培训。充分用好就业补助资金、失业保险基金、职业技能提升行动专账资金、企业职工教育经费等资金开展培训，按规定给予职业培训补贴等支持。参加失业保险1年以上的企业职工或领取失业保险金人员取得职业资格证书或职业技能等级证书的，可申请技能提升补贴，每人每年享受补贴次数最多不超过三次，政策实施期限截至2023年12月31日。

（五）继续实施失业保险稳岗返还政策。参保企业上年度未裁员或裁员率不高于上年度全国城镇调查失业率控制目标，30人（含）以下的参保企业裁员率不高于参保职工总数20%的，可申请失业保险稳岗返还。中小微企业按不超过企业及其职工上年度实际缴纳失业保险费的60%返还，大型企业按不超过30%返还。社会团体、基金会、社会服务机构、律师事务所、会计师事务所、以单位形式参保的个体工商户参照实施。实施此项政策的统筹地区上年度失业保险基金滚存结余备付期限应在1年以上，政策实施期限截至2023年12月31日。

二、拓宽渠道促进高校毕业生等青年就业创业

（六）鼓励企业吸纳就业。对企业招用毕业年度或离校2年内未就业高校毕业生、登记失业的16—24岁青年，签订1年以上劳动合同的，可发放一次性吸纳就业补贴，政策实施期限截至2023年12月31日。

（七）鼓励引导基层就业。稳定"三支一扶"计划、大学生志愿服务西部计划等基层服务项目2023年招募规模。实施"大学生乡村医生"专项计划，落实医学专业高校毕业生免试申请乡村医生执业注册政策。继续做好2023年高校毕业生到城乡社区就业创业工作。对到中西部地区、艰苦边远地区、老工业基地县以下基层单位就业的高校毕业生，按规定给予学费补偿和国家助学贷款代偿、高定工资等支持，对招聘为事业单位工作人员的，可按规定提前转正定级。

（八）支持国有企业扩大招聘规模。对按照工资效益联动机制确定的工资总额难以满足扩大高校毕业生招聘需求的国有企业，经履行出资人职责机构或其他企业主管部门同意，统筹考虑企业招聘高校毕业生人数、自然减员情况和现有职工工资水平等因素，2023年可给予一次性增人增资，核增部分据实计入工资总额并作为下一年度工资总额预算基数。

（九）稳定机关事业单位岗位规模。挖掘党政机关、事业单位编制存量，统筹自然减员，加大补员力度，稳定招录、招聘高校毕业生规模，合理确定招录、招聘时间。

（十）实施2023年百万就业见习岗位募集计划。广泛动员各类企事业单位、社会组织等，募集不少于100万个青年见习岗位，对吸纳就业见习人员的给予见习补贴，用于支付见习人员基本生活费、办理人身意外伤害保险，以及对见习人员的指导管理费用。

对见习期未满与见习人员签订劳动合同的,各地可给予剩余期限见习补贴,政策实施期限截至2023年12月31日。

三、强化帮扶兜牢民生底线

(十一)加强困难人员就业帮扶。合理确定并动态调整就业困难人员认定标准,及时将零就业家庭、低保家庭、脱贫户、大龄、残疾、长期失业等人员纳入援助范围。制定个性化援助方案,优先推荐低门槛、有保障的爱心岗位,提供"一对一"就业援助,对符合条件的困难毕业生发放一次性求职创业补贴。对企业招用登记失业半年以上人员,签订1年以上劳动合同的,可发放一次性吸纳就业补贴,政策实施期限截至2023年12月31日。对通过市场渠道难以实现就业的,合理统筹公益性岗位安置,确保零就业家庭至少一人就业。

(十二)保障困难群众基本生活。对符合条件的失业人员,做好失业保险金、代缴基本医疗保险费(含生育保险费)和失业农民工一次性生活补助等常规性保生活待遇发放工作。将符合条件的生活困难失业人员及家庭纳入最低生活保障、临时救助等社会救助范围。及时启动社会救助和保障标准与物价上涨挂钩联动机制,按规定向困难群众足额发放物价补贴。

四、加强组织实施

(十三)细化实化政策。各地要结合实际,细化实化本通知明确的各项政策措施,加速释放政策红利。同步梳理前期本地出台的阶段性稳就业政策,明确优化调整意见,落实好各项常态化就业政策,推动各项政策落地见效、惠企利民,为就业大局总体稳定提供有力保障。政策实施中的重要问题和经验做法,及时报有关主管部门。

(十四)优化经办服务。各地要持续优化经办流程,减环节、减材料、减时限,编制好各项政策资金审核发放流程和办事指南。加快推进网上办理,加强人数据比对识别,推动更多政策直达快享,提升就业政策获得感和满意度。提高政策覆盖面和可及性,对符合条件的以单位形式参保的个体工商户,可参照企业同等享受就业补贴政策。规范资金管理使用,严格履行程序规定,健全风险防控机制,严肃查处骗取套取、虚报冒领等违法违规行为,保障资金安全运行。

(十五)强化宣传解读。各地要加强就业政策宣传,及时更新发布本地区就业创业政策清单,分类梳理面向高校毕业生、困难人员等不同群体和经营主体的政策举措,广泛推动稳就业政策进企业、进园区、进校园、进社区(村)。创新政策宣传方式,及时提供通俗易懂的政策解读,提高政策知晓度,稳定各方预期,营造良好社会氛围。

(本文有删减)

国务院部门规章

水行政处罚实施办法

（2023年3月10日水利部令第55号公布 自2023年5月1日起施行 国司备字[2023008401]）

第一章 总 则

第一条 为了规范水行政处罚行为，保障和监督行政机关有效实施水行政管理，维护公共利益和社会秩序，保护公民、法人或者其他组织的合法权益，根据《中华人民共和国行政处罚法》、《中华人民共和国水法》等有关法律、法规，制定本办法。

第二条 公民、法人或者其他组织违反水行政管理秩序的行为，依法给予水行政处罚的，由县级以上人民政府水行政主管部门或者法律、法规授权的组织（以下统称水行政处罚机关）依照法律、法规、规章和本办法的规定实施。

第三条 水行政处罚遵循公正、公开的原则。实施水行政处罚必须以事实为依据，与违法行为的事实、性质、情节以及社会危害程度相当。对违法行为给予水行政处罚的规定必须公布；未经公布的，不得作为水行政处罚的依据。

实施水行政处罚，纠正违法行为，应当坚持处罚与教育相结合，教育公民、法人或者其他组织自觉守法。

第四条 水行政处罚的种类：

（一）警告、通报批评；

（二）罚款、没收违法所得、没收非法财物；

（三）暂扣许可证件、降低资质等级、吊销许可证件；

（四）限制开展生产经营活动、责令停产停业、责令关闭、限制从业；

（五）法律、行政法规规定的其他水行政处罚。

第二章　水行政处罚的实施机关和执法队伍

第五条　下列水行政处罚机关在法定授权范围内以自己的名义独立行使水行政处罚权：

（一）县级以上人民政府水行政主管部门；

（二）国务院水行政主管部门在国家确定的重要江河、湖泊设立的流域管理机构（以下简称流域管理机构）及其所属管理机构；

（三）省、自治区、直辖市决定行使水行政处罚权的乡镇人民政府、街道办事处；

（四）法律、法规授权的其他组织。

第六条　县级以上人民政府水行政主管部门可以在其法定权限内委托符合本办法第七条规定条件的水政监察专职执法队伍、水行政执法专职机构或者其他组织实施水行政处罚。

受委托组织在委托权限内，以委托水行政主管部门名义实施水行政处罚；不得再委托其他组织或者个人实施水行政处罚。

第七条　受委托组织应当符合下列条件：

（一）依法成立并具有管理公共事务职能；

（二）具有熟悉有关法律、法规、规章和水利业务，并取得行政执法资格的工作人员；

（三）需要进行技术检查或者技术鉴定的，应当有条件组织进行相应的技术检查或者技术鉴定。

第八条　委托实施水行政处罚，委托水行政主管部门应当同受委托组织签署委托书。委托书应当载明下列事项：

（一）委托水行政主管部门和受委托组织的名称、地址、法定代

表人姓名、统一社会信用代码;

(二)委托实施水行政处罚的具体事项、权限和委托期限;

(三)违反委托事项应承担的责任;

(四)其他需载明的事项。

委托水行政主管部门和受委托组织应当将委托书向社会公布。

受委托组织实施水行政处罚,不得超越委托书载明的权限和期限。

委托水行政主管部门发现受委托组织不符合委托条件的,应当解除委托,收回委托书并向社会公布。

第九条 委托水行政主管部门应当对受委托组织实施水行政处罚的行为负责监督,并对该行为的后果承担法律责任。

第三章 水行政处罚的管辖和适用

第十条 水行政处罚由违法行为发生地的水行政处罚机关管辖。

流域管理机构及其所属管理机构按照法律、行政法规、部门规章的规定和国务院水行政主管部门授予的权限管辖水行政处罚。

法律、行政法规、部门规章另有规定的,从其规定。

第十一条 水行政处罚由县级以上地方人民政府具有水行政处罚权的行政机关管辖。法律、行政法规另有规定的,从其规定。

第十二条 对当事人的同一违法行为,两个以上水行政处罚机关都有管辖权的,由最先立案的水行政处罚机关管辖。

两个以上水行政处罚机关发生管辖争议的,应当在七个工作日内协商解决,协商不成的,报请共同的上一级水行政主管部门指定管辖;也可以直接由共同的上一级水行政主管部门指定管辖。

省际边界发生管辖争议的,应当在七个工作日内协商解决,协商不成的,报请国务院水行政主管部门或者由国务院水行政主管部门授权违法行为发生地所属流域管理机构指定管辖；也可以由国务院水行政主管部门指定流域管理机构负责查处。

指定管辖机关应当在接到申请之日起七个工作日内作出管辖决定，并对指定管辖案件执行情况进行监督。

第十三条 水行政处罚机关实施行政处罚时，应当责令当事人改正或者限期改正违法行为。

第十四条 对当事人的同一个违法行为，不得给予两次以上罚款的行政处罚。同一个违法行为违反多个法律规范应当给予罚款处罚的，按照罚款数额高的规定处罚。

两个以上当事人共同实施违法行为的，应当根据违法情节和性质，分别给予水行政处罚。

第十五条 当事人有下列情形之一，应当从轻或者减轻水行政处罚：

（一）主动消除或者减轻违法行为危害后果的；

（二）受他人胁迫或者诱骗实施违法行为的；

（三）主动供述水行政处罚机关尚未掌握的违法行为的；

（四）配合水行政处罚机关查处违法行为有立功表现的；

（五）法律、法规、规章规定的其他应当从轻或者减轻水行政处罚的。

违法行为轻微并及时改正，没有造成危害后果的，不予水行政处罚。初次违法且危害后果轻微并及时改正的，可以不予水行政处罚。对当事人的违法行为依法不予水行政处罚的，应当对当事人进行教育并记录在案。

第十六条 县级以上地方人民政府水行政主管部门和流域管理机构可以依法制定管辖范围的水行政处罚裁量基准。

下级水行政主管部门制定的水行政处罚裁量基准与上级水行政主管部门制定的水行政处罚裁量基准冲突的，应当适用上级水行政主管部门制定的水行政处罚裁量基准。

水行政处罚裁量基准应当向社会公布。

水行政处罚机关应当规范行使水行政处罚裁量权,坚持过罚相当、宽严相济,避免畸轻畸重、显失公平。

第十七条 水事违法行为在二年内未被发现的,不再给予水行政处罚;涉及公民生命健康安全且有危害后果的,上述期限延长至五年。法律另有规定的除外。

前款规定的期限,从违法行为发生之日起计算;违法行为有连续或者继续状态的,从行为终了之日起计算。

第四章 水行政处罚的决定

第一节 一般规定

第十八条 水行政处罚机关应当公示执法主体、人员、职责、权限、立案依据、实施程序和救济渠道等信息。

第十九条 水行政处罚应当由两名以上具有行政执法资格的执法人员实施。

水行政执法人员与案件有直接利害关系或者有其他关系可能影响公正执法的,应当回避,当事人也有权申请其回避。当事人提出回避申请的,水行政处罚机关应当依法审查,由水行政处罚机关负责人决定。决定作出之前,不停止调查。

第二十条 水行政处罚机关在作出水行政处罚决定之前,应当书面告知当事人拟作出的水行政处罚内容及事实、理由、依据,并告知当事人依法享有陈述、申辩、要求听证等权利。不得限制或者变相限制当事人享有的陈述权、申辩权。

第二十一条 水行政处罚机关在告知当事人拟作出的水行政处罚决定后,当事人申请陈述、申辩的,应当充分听取当事人的陈述、申辩,对当事人提出的事实、理由和证据进行复核。当事人提出的事实、理由或者证据成立的,水行政处罚机关应当采纳。

水行政处罚机关未向当事人告知拟作出的水行政处罚内容及

事实、理由、依据,或者拒绝听取当事人的陈述、申辩,不得作出水行政处罚决定。当事人明确放弃或者未在规定期限内行使陈述权、申辩权的除外。

水行政处罚机关不得因当事人陈述、申辩而给予更重的处罚。

第二十二条 水行政处罚的启动、调查取证、审核、决定、送达、执行等应当进行全过程记录并归档保存。

查封扣押财产、强制拆除等直接涉及生命健康、重大财产权益的现场执法活动和执法办案场所,应当进行全程音像记录。

第二十三条 水行政处罚机关应当在行政处罚决定作出之日起七个工作日内,公开执法机关、执法对象、执法类别、执法结论等信息。危及防洪安全、供水安全或者水生态安全等后果严重、具有一定社会影响的案件,其行政处罚决定书应当依法公开,接受社会监督。

公开的水行政处罚决定被依法变更、撤销、确认违法或者确认无效的,水行政处罚机关应当在三个工作日内撤回处罚决定信息,并公开说明理由。

涉及国家秘密、商业秘密、个人隐私的,依照相关法律法规规定处理。

第二十四条 水行政处罚证据包括书证、物证、视听资料、电子数据、证人证言、当事人的陈述、鉴定意见、勘验笔录和现场笔录。

证据收集应当严格遵守法定程序。证据经查证属实后方可作为认定案件事实的根据。

采用暴力、威胁等非法手段取得的证据,不得作为认定案件事实的根据。

第二十五条 水行政处罚机关依照法律、行政法规规定利用电子技术监控设备收集、固定违法事实的,应当经过法制和技术审核,确保电子技术监控设备符合标准、设置合理、标志明显,设置地点应当向社会公布。

电子技术监控设备记录违法事实应当真实、清晰、完整、准确。

第二十六条　水行政处罚机关及其工作人员对实施行政处罚过程中知悉的国家秘密、商业秘密或者个人隐私，应当依法予以保密。

第二节　简易程序

第二十七条　违法事实确凿并有法定依据，对公民处以二百元以下、对法人或者其他组织处以三千元以下罚款或者警告的，可以当场作出水行政处罚决定。

第二十八条　当场作出水行政处罚决定的，水行政执法人员应当遵守下列程序：

（一）向当事人出示行政执法证件；

（二）当场收集违法证据；

（三）告知当事人违法事实、处罚理由和依据，并告知当事人依法享有陈述和申辩的权利；

（四）听取当事人的陈述和申辩。对当事人提出的事实、理由和证据进行复核，当事人明确放弃陈述或者申辩权利的除外；

（五）填写预定格式、编有号码的水行政处罚决定书，并由水行政执法人员签名或者盖章；

（六）将水行政处罚决定书当场交付当事人，当事人拒绝签收的，应当在水行政处罚决定书上注明；

（七）在五个工作日内（在水上当场处罚，自抵岸之日起五个工作日内）将水行政处罚决定书报所属水行政处罚机关备案。

前款处罚决定书应当载明当事人的违法行为，水行政处罚的种类和依据、罚款数额、时间、地点，申请行政复议、提起行政诉讼的途径和期限以及水行政处罚机关名称。

第二节　普通程序

第二十九条　除本办法第二十七条规定的可以当场作出的水

行政处罚外,水行政处罚机关对依据水行政监督检查或者通过投诉举报、其他机关移送、上级机关交办等途径发现的违法行为线索,应当在十个工作日内予以核查。案情复杂等特殊情况无法按期完成核查的,经本机关负责人批准,可以延长五个工作日。

公民、法人或者其他组织有符合下列条件的违法行为的,水行政处罚机关应当予以立案:

(一)有涉嫌违法的事实;

(二)依法应当给予水行政处罚;

(三)属于本水行政处罚机关管辖;

(四)违法行为未超过追责期限。

第三十条 水行政执法人员依法调查案件,应当遵守下列程序:

(一)向当事人出示行政执法证件;

(二)告知当事人要调查的范围或者事项以及其享有陈述权、申辩权以及申请回避的权利;

(三)询问当事人、证人、与案件有利害关系的第三人,进行现场勘验、检查;

(四)制作调查询问、勘验检查笔录。

第三十一条 水行政执法人员可以要求当事人及其他有关单位、个人在一定期限内提供证明材料或者与涉嫌违法行为有关的其他材料,并由材料提供人在有关材料上签名或者盖章。

当事人采取暴力、威胁的方式阻碍调查取证的,水行政处罚机关可以提请有关部门协助。

调查取证过程中,无法通知当事人、当事人不到场或者拒绝配合调查,水行政执法人员可以采取录音、录像或者邀请有关人员作为见证人等方式记录在案。

第三十二条 水行政执法人员收集证据时,可以采取抽样取证的方法。在证据可能灭失或者以后难以取得的情况下,经水行政处罚机关负责人批准,可以先行登记保存。情况紧急,需要当场采取先行登记保存措施的,水行政执法人员应当在二十四小时内向水行政处罚机关负责人报告,并及时补办批准手续。水行政处罚机关负责人认为不应当采取先行登记保存措施的,应当立即解除。

第三十三条　水行政执法人员先行登记保存有关证据,应当当场清点,开具清单,由当事人和水行政执法人员签名或者盖章,并当场交付先行登记保存证据通知书。当事人不在场或者拒绝到场、拒绝签收的,可以邀请有关人员作为见证人签名或者盖章,采用录音、录像等方式予以记录,并由两名以上水行政执法人员在清单上注明情况。

登记保存物品时,在原地保存可能妨害公共秩序、公共安全或者对证据保存不利的,可以异地保存。

先行登记保存期间,当事人或者有关人员不得销毁或者转移证据。

第三十四条　对于先行登记保存的证据,应当在七个工作日内分别作出以下处理决定:

(一)需要采取记录、复制、拍照、录像等证据保全措施的,采取证据保全措施;

(二)需要进行检测、检验、鉴定、评估、认定的,送交有关机构检测、检验、鉴定、评估、认定;

(三)依法应当由有关部门处理的,移交有关部门;

(四)不需要继续登记保存的,解除先行登记保存;

(五)依法需要对船舶、车辆等物品采取查封、扣押的,依照法定程序查封、扣押;

(六)法律、法规规定的其他处理方式。

逾期未采取相关措施的,先行登记保存措施自动解除。

第三十五条　有下列情形之一,经水行政处罚机关负责人批准,中止案件调查,并制作中止调查决定书:

(一)水行政处罚决定必须以相关案件的裁判结果或者其他行

政决定为依据,而相关案件尚未审结或者其他行政决定尚未作出的;

(二)涉及法律适用等问题,需要送请有权机关作出解释或者确认的;

(三)因不可抗力致使案件暂时无法调查的;

(四)因当事人下落不明致使案件暂时无法调查的;

(五)其他应当中止调查的情形。

中止调查的原因消除后,应当立即恢复案件调查。

第三十六条　有下列情形之一,经水行政处罚机关负责人批准,终止调查,并制作终止调查决定书:

(一)违法行为已过追责期限的;

(二)涉嫌违法的公民死亡或者法人、其他组织终止,并且无权利义务承受人,致使案件调查无法继续进行的;

(三)其他需要终止调查的情形。

第三十七条　案件调查终结,水行政执法人员应当及时提交调查报告。调查报告应当包括当事人的基本情况、违法事实、违法后果、相关证据、法律依据等,并提出依法是否应当给予水行政处罚以及给予何种水行政处罚的处理意见。

第三十八条　调查终结,水行政处罚机关负责人应当对调查结果进行审查,根据不同情况,分别作出下列决定:

(一)确有应受水行政处罚的违法行为的,根据情节轻重及具体情况,作出水行政处罚决定;

(二)违法行为轻微,依法可以不予水行政处罚的,不予水行政处罚;

(三)违法事实不能成立的,不予水行政处罚;

(四)违法行为涉嫌犯罪的,移送司法机关。

第三十九条　有下列情形之一,在水行政处罚机关负责人作出水行政处罚的决定之前,应当进行法制审核;未经法制审核或者审核未通过的,不得作出决定:

（一）涉及防洪安全、供水安全、水生态安全等重大公共利益的；

（二）直接关系当事人或者第三人重大权益，经过听证程序的；

（三）案件情况疑难复杂、涉及多个法律关系的；

（四）法律、法规规定应当进行法制审核的其他情形。

前款规定情形以外的，可以根据案件情况进行法制审核。

法制审核由水行政处罚机关法制工作机构负责；未设置法制工作机构的，由水行政处罚机关确定承担法制审核工作的其他机构或者专门人员负责。

案件调查人员不得同时作为该案件的法制审核人员。

第四十条 法制审核内容：

（一）水行政处罚主体是否合法，水行政执法人员是否具备执法资格；

（二）水行政处罚程序是否合法；

（三）案件事实是否清楚，证据是否合法充分；

（四）适用法律、法规、规章是否准确，裁量基准运用是否适当；

（五）水行政处罚是否按照法定或者委托权限实施；

（六）水行政处罚文书是否完备、规范；

（七）违法行为是否涉嫌犯罪、需要移送司法机关；

（八）法律、法规规定应当审核的其他内容。

第四十一条 有下列情形之一，在作出水行政处罚决定前，水行政处罚机关负责人应当集体讨论：

（一）拟作出较大数额罚款、没收较大数额违法所得、没收较大价值非法财物决定的；

（二）拟作出限制开展生产经营活动、降低资质等级、吊销许可证件、责令停产停业、责令关闭、限制从业决定的；

（三）水行政处罚机关负责人认为应当提交集体讨论的其他案件。

前款第（一）项所称"较大数额""较大价值"，对公民是指人民币(或者等值物品价值)五千元以上、对法人或者其他组织是指人民币(或者等值物品价值)五万元以上。地方性法规、地方政府规章另有规定的,从其规定。

第四十二条　水行政处罚机关给予水行政处罚,应当制作水行政处罚决定书。水行政处罚决定书应当载明下列事项:

(一)当事人的姓名或者名称、地址;

(二)违反法律、法规、规章的事实和证据,以及当事人陈述、申辩和听证情况;

(三)水行政处罚的种类和依据;

(四)水行政处罚的履行方式和期限;

(五)申请行政复议、提起行政诉讼的途径和期限;

(六)作出水行政处罚决定的水行政处罚机关名称和作出决定的日期。

对同一当事人的两个或者两个以上水事违法行为,可以分别制作水行政处罚决定书,也可以列入同一水行政处罚决定书。

第四十三条　水行政处罚机关应当自立案之日起九十日内作出水行政处罚决定。因案情复杂或者其他原因,不能在规定期限内作出水行政处罚决定的,经本机关负责人批准,可以延长六十日。

案件办理过程中,中止调查、听证、公告、检测、检验、鉴定、评估、认定、送达等时间不计入前款规定的期限。

第四十四条　水行政处罚机关送达水行政执法文书,可以采取下列方式:直接送达、留置送达、邮寄送达、委托送达、电子送达、转交送达、公告送达或者其他方式。送达水行政执法文书应当使用送达回证并存档。

第四十五条　水行政执法文书应当在宣告后当场交付当事人;当事人不在场的,水行政处罚机关应当在七个工作日内依照《中华人民共和国民事诉讼法》的有关规定,将水行政处罚决定书送达当事人,由当事人在送达回证上签名或者盖章,并注明签收日期。签收日期为送达日期。

当事人拒绝接收水行政执法文书的,送达人可以邀请有关基层组织或者所在单位的代表到场见证,在送达回证上注明拒收事由和日期,由送达人、见证人签名或者盖章,把水行政执法文书留在当事人的住所;也可以将水行政执法文书留在当事人的住所,并采取拍照、录像等方式记录送达过程,即视为送达。

邮寄送达的,交由国家邮政机构邮寄。以回执上注明的收件日期为送达日期。

当事人同意并签订确认书的,水行政处罚机关可以采取传真、电子邮件、即时通讯信息等方式送达,到达受送达人特定系统的日期为送达日期。

当事人下落不明,或者采用其他方式无法送达的,水行政处罚机关可以通过本机关或者本级人民政府网站公告送达,也可以根据需要在当地主要新闻媒体公告或者在当事人住所地、经营场所公告送达。

第四节 听证程序

第四十六条 水行政处罚机关拟作出下列水行政处罚决定,应当告知当事人有要求听证的权利,当事人要求听证的,水行政处罚机关应当组织听证:

(一)较大数额罚款、没收较大数额违法所得、没收较大价值非法财物;

(二)降低资质等级、吊销许可证件、责令停产停业、责令关闭、限制从业;

(三)其他较重的水行政处罚;

(四)法律、法规、规章规定的其他情形。

前款第(一)项所称"较大数额""较大价值",对公民是指人民币(或者等值物品价值)一万元以上、对法人或者其他组织是指人民币(或者等值物品价值)八万元以上。地方性法规、地方政府规章另有规定的,从其规定。

第四十七条 听证应当由水行政处罚机关法制工作机构或者相应机构负责,依照以下程序组织:

(一)当事人要求听证的,应当在水行政处罚机关告知后五个工作日内提出;

(二)在举行听证会的七个工作日前应当向当事人及有关人员送达水行政处罚听证通知书,告知举行听证的时间、地点、听证人员名单及当事人可以申请回避和委托代理人等事项;

(三)当事人可以亲自参加听证,也可以委托一至二人代理。当事人委托代理人参加听证的,应当提交授权委托书。当事人及其代理人应当按期参加听证,无正当理由拒不出席听证或者未经许可中途退出听证的,视为放弃听证权利,终止听证;

(四)听证参加人由听证主持人、听证员、记录员、案件调查人员、当事人及其委托代理人、证人以及与案件处理结果有直接利害关系的第三人等组成。听证主持人、听证员、记录员应当由水行政处罚机关指定的法制工作机构或者相应机构工作人员等非本案调查人员担任;

(五)当事人认为听证主持人、听证员、记录员与本案有直接利害关系的,有权申请回避;

(六)除涉及国家秘密、商业秘密或者个人隐私依法予以保密外,听证公开举行;

(七)举行听证时,案件调查人员提出当事人违法的事实、证据和水行政处罚建议,当事人进行申辩和质证;

(八)听证应当制作笔录并交当事人或者其代理人核对无误后签字或者盖章。当事人或者其代理人拒绝签字、盖章的,由听证主持人在笔录中注明。

第四十八条 听证结束后,水行政处罚机关应当根据听证笔录,依照本办法第三十八条的规定,作出决定。

第五章　水行政处罚的执行和结案

第四十九条　水行政处罚决定作出后,当事人应当履行。

当事人对水行政处罚决定不服的,可以依法申请行政复议或者提起行政诉讼。申请行政复议或者提起行政诉讼的,水行政处罚不停止执行,法律另有规定的除外。

当事人申请行政复议或者提起行政诉讼的,加处罚款的数额在行政复议或者行政诉讼期间不予计算。

第五十条　除当场收缴的罚款外,作出水行政处罚决定的水行政处罚机关及其执法人员不得自行收缴罚款。

当事人应当自收到水行政处罚决定书之日起十五日内,到指定的银行或者通过电子支付系统缴纳罚款。

第五十一条　当场作出水行政处罚决定,依法给予一百元以下罚款或者不当场收缴罚款事后难以执行的,水行政执法人员可以当场收缴罚款。

当事人提出异议的,不停止当场执行。法律、法规另有规定的除外。

在边远、水上、交通不便地区,水行政处罚机关及其水行政执法人员依法作出罚款决定后,当事人到指定银行或者通过电子支付系统缴纳罚款确有困难,经当事人提出,水行政处罚机关及其水行政执法人员可以当场收缴罚款。收缴罚款后应当向被处罚人出具相关凭证。

第五十二条　水行政执法人员当场收缴的罚款,应当自收缴罚款之日起二个工作日内,交至水行政处罚机关;在水上当场收缴的罚款,应当自抵岸之日起二个工作日内交至水行政处罚机关;水行政处罚机关应当在二个工作日内将罚款缴付指定的银行。

第五十三条　当事人确有经济困难,需要延期或者分期缴纳罚款的,应当提出书面申请,经作出水行政处罚决定的水行政处罚机关批准后,可以暂缓或者分期缴纳。

第五十四条　当事人逾期不履行水行政处罚决定的,作出水行政处罚决定的水行政处罚机关可以采取下列措施:

(一)到期不缴纳罚款的,每日按罚款数额的百分之三加处罚款,加处罚款的数额不得超出罚款的数额;

(二)根据法律规定,将查封、扣押的财物拍卖、依法处理抵缴罚款;

(三)根据法律规定,申请人民法院强制执行或者采取其他行政强制执行方式。

水行政处罚机关批准延期、分期缴纳罚款的,申请人民法院强制执行的期限,自暂缓或者分期缴纳罚款期限结束之日起计算。

第五十五条　水行政处罚机关申请人民法院强制执行前,有理由认为被执行人可能逃避执行的,可以申请人民法院采取财产保全措施。

第五十六条　有下列情形之一,水行政执法人员应当制作结案审批表,经水行政处罚机关负责人批准后结案:

(一)水行政处罚决定执行完毕的;

(二)已经依法申请人民法院强制执行,人民法院依法受理的;

(三)决定不予水行政处罚的;

(四)案件已经移送管辖并依法受理的;

(五)终止调查的;

(六)水行政处罚决定被依法撤销的;

(七)水行政处罚决定终结执行的;

(八)水行政处罚机关认为可以结案的其他情形。

第五十七条　案件承办人员应当在普通程序结案后三十日内,或者简易程序结案后十五日内,将案件材料立卷,并符合下列要求:

(一)一案一卷,案卷可以分正卷、副卷;

(二)与案件相关的各类文书应当齐全,手续完备;

(三)案卷装订应当规范有序,符合档案管理要求。

立卷完成后应当立即统一归档。案卷保管及查阅,按档案管理有关规定执行。任何单位、个人不得非法伪造、涂改、增加、抽取案卷材料。

第六章 水行政处罚的保障和监督

第五十八条 县级以上人民政府水行政主管部门应当加强水行政执法队伍建设,合理配置与行政处罚职责相适应的执法人员;对水行政处罚权划转或者赋权到综合行政执法的地区,明晰行业监管与综合执法的职责边界,指导和监督综合行政执法部门开展水行政处罚。

县级以上地方人民政府水行政主管部门和流域管理机构应当依法为执法人员办理工伤保险、意外伤害保险;根据执法需要,合理配置执法装备,规划建设执法基地,提升水行政执法信息化水平。县级以上人民政府水行政主管部门应当结合执法实际,将执法装备需求提请本级人民政府纳入财政预算。

第五十九条 水行政处罚机关应当建立健全跨区域联动机制、跨部门联合机制、与刑事司法衔接机制、与检察公益诉讼协作机制,推进涉水领域侵害国家利益或者社会公共利益重大水事案件查处,提升水行政执法效能。

第六十条 水行政处罚机关应当建立健全水行政处罚监督制度,加强对下级水行政处罚机关实施水行政处罚的监督。

水行政处罚权交由乡镇人民政府、街道办事处行使的,县级人民政府水行政主管部门应当加强业务指导和监督,建立健全案件移送和协调协作机制。

对违法情节严重、社会影响恶劣、危害后果严重、涉案人员较多的事件,上级水行政处罚机关应当实行挂牌督办。省际边界重大涉水违法事件由国务院水行政主管部门、违法行为发生地所属流域管理机构或者国务院水行政主管部门指定的流域管理机构挂牌督办。

第六十一条 县级以上人民政府水行政主管部门应当建立健全水行政执法评议制度，定期组织开展水行政执法评议、考核。

第六十二条 水行政处罚机关及其执法人员违法实施水行政处罚的，按照《中华人民共和国行政处罚法》的规定，追究法律责任。

第七章 附　则

第六十三条 其他行政机关行使水行政处罚职权的，按照本办法的规定执行。

第六十四条 本办法自 2023 年 5 月 1 日起施行。1997 年 12 月 26 日发布的《水行政处罚实施办法》同时废止。

计量器具新产品管理办法

（2023 年 3 月 16 日国家市场监督管理总局令第 68 号公布　自 2023 年 6 月 1 日起施行　国司备字[2023008410]）

第一章 总　则

第一条 为了规范计量器具新产品的型式批准管理，根据《中华人民共和国计量法》和《中华人民共和国计量法实施细则》的有关规定，制定本办法。

第二条 在中华人民共和国境内，制造以销售为目的的计量器具新产品，应当遵守本办法。

计量器具新产品是指生产者从未生产过的计量器具，包括对原有产品在结构、材质等方面做了重大改进导致性能、技术特征发生变更的计量器具。

第三条　生产者以销售为目的制造列入《实施强制管理的计量器具目录》，且监管方式为型式批准的计量器具新产品的，应当经省级市场监督管理部门型式批准后，方可投入生产。

制造除前款以外其他计量器具的，生产者可以根据需要自愿委托有能力的技术机构进行型式试验。

标准物质新产品按照标准物质管理相关规定执行。

第四条　本办法所称型式批准是指市场监督管理部门对计量器具的型式是否符合法定要求而进行的行政许可活动。

型式评价是指为确定计量器具型式是否符合计量要求、技术要求和法制管理要求对样机所进行的技术评价。

型式试验是指根据相关计量技术规范，对计量器具的样机进行的试验和检查。

第五条　国家市场监督管理总局统一负责全国计量器具新产品的监督管理工作。省级市场监督管理部门负责本地区计量器具新产品的监督管理工作。

第二章　型式批准的申请

第六条　生产者制造本办法第三条第一款规定的计量器具的，应当向生产所在地省级市场监督管理部门申请型式批准。

申请型式批准应当按照市场监督管理部门相关要求递交申请资料。

第七条　收到申请的省级市场监督管理部门，对申请资料进行审查，需要补充资料或者不符合法定形式的，应当自收到申请资料之日起五个工作日内一次告知申请人需要补正的全部内容和补正期限。

审查通过的，应当在五个工作日内委托技术机构进行型式评价，并通知申请人。

第八条 承担型式评价的技术机构应当自收到省级市场监督管理部门委托之日起五个工作日内通知申请人。

申请人应当自收到承担型式评价机构通知后五个工作日内向该机构递交以下技术资料,并对所提供的技术资料真实有效性负责:

(一)样机照片;

(二)产品标准(含检验方法);

(三)总装图、电路图和关键零部件图(含关键零部件清单);

(四)使用说明书;

(五)制造单位或者技术机构所做的试验报告。

逾期没有递交的,由承担型式评价的技术机构向省级市场监督管理部门退回本次委托,受理申请的省级市场监督管理部门终止实施行政许可。

第九条 承担型式评价的技术机构,应当自收到技术资料之日起十个工作日内对技术资料进行审查。审查未通过的,要求申请人限期补正;审查通过的,通知申请人提供试验样机。

申请人应当自收到通知之日起十个工作日内,向该机构提供试验样机。逾期没有提供的,由承担型式评价的技术机构向省级市场监督管理部门退回本次委托,受理申请的省级市场监督管理部门终止实施行政许可。

第三章 型式评价

第十条 承担型式评价的技术机构应当能够独立承担法律责任,具备计量标准、检测装置、检测人员以及场地、工作环境等相关条件,取得省级以上市场监督管理部门的授权,方可开展相应的型式评价工作。

第十一条 承担型式评价的技术机构应当按照国家市场监督管理总局制定的国家型式评价技术规范进行型式评价。国家计量检定规程中已经规定了型式评价要求的,按照国家计量检定规程执行。

没有国家型式评价技术规范的,由承担型式评价的技术机构依据相关标准、规范或者国际建议拟定型式评价技术规范,经相关全国专业计量技术委员会审查通过后执行。

第十二条 型式评价应当自承担型式评价的技术机构收到试验样机之日起三个月内完成,经省级市场监督管理部门同意延期的除外。

型式评价结束后,承担型式评价的技术机构应当将型式评价报告报送省级市场监督管理部门,并通知申请人。

第十三条 承担型式评价的技术机构在型式评价后,应当保留有关资料和原始记录,保存期不少于五年。经封印和标记的全部样机、需要保密的技术资料应当退还申请人。

申请人应当对经封印和标记的样机、需要保密的技术资料进行保存。对于系列产品,应当至少保存一台代表性产品样机;对于单个规格产品,应当至少保存一台样机。保存期限应当自停止生产该型式计量器具之日起不少于五年。

第四章 型式批准

第十四条 省级市场监督管理部门应当自收到型式评价报告之日起十个工作日内,根据型式评价报告和计量法制管理的要求,对计量器具新产品的型式进行审查。审查合格的,向申请人颁发型式批准证书;审查不合格的,作出不予行政许可决定。

第十五条 制造已取得型式批准的计量器具的,应当在其使用说明书中标注国家统一规定的型式批准标志和编号。

第十六条 采用委托加工方式制造计量器具的,被委托方应当取得与委托加工计量器具相应的型式批准,并与委托方签订书面委托合同。委托加工的计量器具,应当标注委托方、被委托方的单位名称、地址、被委托方的型式批准标志和编号。

第十七条 制造已取得型式批准的计量器具,不得擅自改变原批准的型式。对原有产品在结构、材质、关键零部件等方面做了重大改进导致性能、技术特征发生变更的,应当重新申请型式批准。

第十八条 生产者制造计量器具应当具有与所制造的计量器具相适应的设施、人员和检定仪器设备等,并对其制造的计量器具负责,保证其计量性能符合相关要求。鼓励生产者建立完善的测量管理体系,自愿申请测量管理体系认证。

第十九条 县级以上地方市场监督管理部门应当按照国家有关规定,对制造计量器具的质量、实际制造产品与批准型式的一致性等进行监督检查。

第五章 法律责任

第二十条 制造、销售未经型式批准的计量器具的,由县级以上地方市场监督管理部门按照《中华人民共和国计量法》《中华人民共和国计量法实施细则》的有关规定予以处罚。

第二十一条 未按规定标注型式批准标志和编号的,由县级以上市场监督管理部门责令改正,处三万元以下罚款。

第二十二条 制造、销售的计量器具与批准的型式不一致的,由县级以上市场监督管理部门责令改正,处五万元以下罚款。

第二十三条 未持续符合型式批准条件,不再具有与所制造的计量器具相适应的设施、人员和检定仪器设备的,由县级以上市场监督管理部门责令改正;逾期未改正的,处三万元以下罚款。

第二十四条 计量器具产品质量监督抽查不合格的,按照产品质量监督抽查的有关规定处理。

第二十五条 承担型式评价的技术机构及工作人员,应当对申请人提供的样机和技术文件、资料予以保密。违反保密规定的,应当按照国家有关规定,赔偿申请人的损失。需要给予违法公职人员政务处分的,应当依照有关规定将相关案件线索移送监察机关处理;构成犯罪的,移送监察机关或者司法机关处理。

第六章 附 则

第二十六条 进口计量器具型式批准,按照《中华人民共和国进口计量器具监督管理办法》执行。

第二十七条 与本办法有关的申请书、型式批准证书、型式批准标志和编号的式样等,由国家市场监督管理总局统一规定。

第二十八条 按照本办法实施型式批准,应当遵守国家法律、法规和国家市场监督管理总局关于行政许可办理程序的有关规定。

第二十九条 本办法自2023年6月1日起施行。2005年5月20日原国家质量监督检验检疫总局令第74号公布的《计量器具新产品管理办法》同时废止。

计量比对管理办法

(2023年3月16日国家市场监督管理总局令第69号公布 自2023年6月1日起施行 国司备字[2023008411])

第一条 为了确保量值统一、准确可靠,加强计量比对监督管理,根据计量相关法律、行政法规等有关规定,制定本办法。

第二条 在中华人民共和国境内,开展计量比对及其监督管理,适用本办法。

第三条 本办法所称计量比对,是指在规定条件下,对相同准确度等级或者指定测量不确定度范围内的同种计量基准、计量标准以及标准物质所复现的量值之间进行比较的过程。

前款规定的计量比对包括：

（一）国家市场监督管理总局考核合格，并取得计量基准证书或者计量标准考核证书或者标准物质定级证书的计量基准或者计量标准或者标准物质量值的比对（以下简称国家计量比对）；

（二）经县级以上地方市场监督管理部门考核合格，并取得计量标准考核证书的计量标准量值的比对（以下简称地方计量比对）。

第四条 国家市场监督管理总局负责全国计量比对的监督管理工作，组织实施国家计量比对。

县级以上地方市场监督管理部门在各自职责范围内负责本行政区域内的地方计量比对的监督管理工作。

第五条 市场监督管理部门根据保证量值传递溯源体系有效性的需要，按照统筹规划、经济、合理的原则，实施计量比对。

第六条 国家市场监督管理总局面向社会公开征集国家计量比对项目及主导实验室，经专家研究论证后，确定国家计量比对及主导实验室。

国家市场监督管理总局根据需要可直接确定国家计量比对项目并指定主导实验室。

第七条 已取得国家计量比对所涉及的计量基准证书、计量标准考核证书或者标准物质定级证书的单位，应当按照有关规定参加国家市场监督管理总局组织的国家计量比对。能够提供正当理由且经国家市场监督管理总局书面同意的除外。

第八条 国家计量比对主导实验室应当具备以下条件：

（一）具有独立法人资格；

（二）具有的计量基准、计量标准或者标准物质等符合计量比对要求，并能够在国家计量比对期间保证量值准确；

（三）能够提供满足计量溯源性要求的准确、稳定和可靠的传递标准或者样品；

（四）具有与实施国家计量比对工作相适应的技术人员

第九条　主导实验室可以根据需要成立技术专家组。技术专家组参与审查国家计量比对资料,对有争议的技术问题提出咨询意见。

第十条　主导实验室应当在国家计量比对开始前进行前期实验,包括测定传递标准或者样品的稳定性、均匀性、重复性、运输特性和参考值等。

第十一条　主导实验室应当根据前期实验情况起草国家计量比对实施方案,征求各参比实验室的意见后确定,并报送国家市场监督管理总局。

国家计量比对实施方案应当包括计量比对针对的量、目的、方法、传递标准或者样品、路线及时间安排、技术要求等。必要时,也可以规定比对实验的具体方法和不确定度评定方法或者限定比对结果的不确定度范围。

第十二条　主导实验室和参比实验室应当按照有关国家计量技术规范,根据国家计量比对实施方案开展国家计量比对。

第十三条　国家计量比对完成后,各参比实验室应当在国家计量比对实施方案规定的时间内,将国家计量比对结果提交主导实验室,并对所报送材料的真实性负责。

国家计量比对结果材料应当包括:

(一)国家计量比对数据复印件,数据有删改的,应当保留删改痕迹;

(二)国家计量比对实验结果不确定度分析报告;

(三)计量基准证书复印件、计量标准考核证书复印件、标准物质定级证书复印件以及计量授权证书复印件或者其他相关技术文件;

(四)需要提交的其他材料。

第十四条　对于具备条件的国家计量比对,主导实验室和参比实验室应当对相关实验过程、数据结果等建立并实施追溯备查制度。

第十五条 主导实验室应当根据参比实验室国家计量比对结果进行统计、分析和评价,起草国家计量比对总结报告,并征求各参比实验室意见。

主导实验室应当在规定时间内将修改完成的国家计量比对总结报告、国家计量比对结果以及国家计量比对的其他资料报送国家市场监督管理总局。

第十六条 国家计量比对总结报告应当包括:

(一)国家计量比对概况及相关说明;

(二)传递标准或者样品的技术状况,包括稳定性、均匀性、重复性和运输特性等相关要求;

(三)国家计量比对数据记录及必要的图表;

(四)国家计量比对结果分析,至少包括参比实验室的测量结果及其测量不确定度、国家计量比对参考值及其测量不确定度、参比实验室的测量结果与参考值之差及测量不确定度;

(五)参比实验室存在的问题及整改建议;

(六)国家计量比对分析及结论。

第十七条 国家市场监督管理总局定期向社会公布国家计量比对结果。

第十八条 国家计量比对结果符合规定要求的,可以作为计量基准和计量标准复查考核、标准物质定级、计量授权以及实验室认可的参考依据。

国家计量比对结果偏离正常范围的,应当限期改正,暂停国家计量比对所涉及的计量基准、计量标准的量值传递工作和标准物质生产销售。

第十九条 主导实验室、参比实验室和技术专家组应当遵守保密规定,在国家计量比对结果公布前不得泄露国家计量比对数据。

未经国家市场监督管理总局同意,主导实验室和参比实验室不得发布国家计量比对数据及结果。

对擅自泄露或者发布国家计量比对数据及结果的,由国家市场监督管理总局将有关情况通报主导实验室、参比实验室所在单位,取消申报国家计量比对资格,予以公示;情节严重的,予以通报批评。

第二十条　主导实验室不得有下列行为:
(一)抄袭参比实验室国家计量比对数据,弄虚作假;
(二)与参比实验室串通,篡改国家计量比对数据;
(三)违反诚实信用原则的其他行为。

参比实验室不得弄虚作假,相互抄袭国家计量比对数据。

主导实验室和参比实验室存在以上行为的,国家计量比对结果无效,取消申报国家计量比对资格,予以公开;情节严重的,处三万元以下罚款。

第二十一条　违反本办法第七条规定的,无正当理由拒不参加国家计量比对的,限期改正;逾期不改正的,予以通报批评。

第二十二条　违反本办法第十三条第一款,在规定时间内未报送相关材料的,限期改正;逾期未改正的,给予通报批评。

第二十三条　县级以上地方市场监督管理部门根据本地区经济社会发展和计量监督管理需要,组织实施本地区计量比对,参照本办法执行。

第二十四条　参加国际计量比对,按照国家市场监督管理总局有关规定执行。

第二十五条　本办法自2023年6月1日起施行。2008年6月11日原国家质量监督检验检疫总局令第107号公布的《计量比对管理办法》同时废止。

中国人民银行关于废止部分规章的决定

(2023年3月16日中国人民银行令〔2023〕第2号公布 自发布之日起施行 国司备字〔2023008426〕)

为加强金融法治建设,推进完善央行金融法治体系,中国人民银行对2021年12月31日之前发布的规章进行了清理。经过清理,中国人民银行决定废止《现金管理暂行条例实施细则》(银发〔1988〕288号文印发)等11件规章。

本决定自发布之日起施行。

附件:中国人民银行决定废止的规章目录

附件

废止的规章目录

序号	规章名称	文号
1	现金管理暂行条例实施细则	银发〔1988〕288号文印发
2	违反银行结算制度处罚规定(修正)	银发〔1994〕254号文颁布
3	公开市场业务暨一级交易商管理暂行规定	银发〔1997〕111号文印发
4	非银行金融机构外汇业务范围界定	(96)汇管函字第142号文颁发
5	境内机构借用国际商业贷款管理办法	(97)汇政发字06号文印发
6	外债统计监测实施细则	(97)汇政发字第06号文印发
7	境内外汇划转管理暂行规定	(97)汇管函字第250号文印发
8	关于对违反售付汇管理规定的金融机构及其责任人行政处分的规定	银发〔1998〕331号文印发
9	证券公司进入银行间同业市场管理规定	银发〔1999〕288号文印发
10	基金管理公司进入银行间同业市场管理规定	银发〔1999〕288号文印发
11	财务公司进入全国银行间同业拆借市场和债券市场管理规定	银发〔2000〕194号文印发

定量包装商品计量监督管理办法

(2023年3月16日国家市场监督管理总局令第70号公布 自2023年6月1日起施行 国司备字[2023008412])

第一条 为了保护消费者和生产者、销售者的合法权益,规范定量包装商品的计量监督管理,根据《中华人民共和国计量法》并参照国际通行规则,制定本办法。

第二条 在中华人民共和国境内,生产、销售定量包装商品,以及对定量包装商品实施计量监督管理,应当遵守本办法。

本办法所称定量包装商品是指以销售为目的,在一定量限范围内具有统一的质量、体积、长度、面积、计数标注等标识内容的预包装商品。药品、危险化学品除外。

第三条 国家市场监督管理总局对全国定量包装商品的计量工作实施统一监督管理。

县级以上地方市场监督管理部门对本行政区域内定量包装商品的计量工作实施监督管理。

第四条 定量包装商品的生产者、销售者应当加强计量管理,配备与其生产定量包装商品相适应的计量检测设备,保证生产、销售的定量包装商品符合本办法的规定。

第五条 定量包装商品的生产者、销售者应当在其商品包装的显著位置正确、清晰地标注定量包装商品的净含量。

净含量的标注由"净含量"(中文)、数字和法定计量单位(或者用中文表示的计数单位)三个部分组成。法定计量单位的选择应当符合本办法附件1的规定。

以长度、面积、计数单位标注净含量的定量包装商品,可以免于标注"净含量"三个中文字,只标注数字和法定计量单位(或者用中文表示的计数单位)。

第六条　定量包装商品净含量标注字符的最小高度应当符合本办法附件2的规定。

第七条　同一包装内含有多件同种定量包装商品的,应当标注单件定量包装商品的净含量和总件数,或者标注总净含量。

同一包装内含有多件不同种定量包装商品的,应当标注各种不同种定量包装商品的单件净含量和各种不同种定量包装商品的件数,或者分别标注各种不同种定量包装商品的总净含量。

第八条　单件定量包装商品的实际含量应当准确反映其标注净含量,标注净含量与实际含量之差不得大于本办法附件3规定的允许短缺量。

第九条　批量定量包装商品的平均实际含量应当大于或者等于其标注净含量。

用抽样的方法评定一个检验批的定量包装商品,应当符合定量包装商品净含量计量检验规则等系列计量技术规范。

第十条　强制性国家标准中对定量包装商品的净含量标注、允许短缺量以及法定计量单位的选择已有规定的,从其规定;没有规定的按照本办法执行。

第十一条　对因水分变化等因素引起净含量变化较大的定量包装商品,生产者应当采取措施保证在规定条件下商品净含量的准确。

第十二条　县级以上市场监督管理部门应当对生产、销售的定量包装商品进行计量监督检查。

市场监督管理部门进行计量监督检查时,应当充分考虑环境及水分变化等因素对定量包装商品净含量产生的影响。

第十三条　对定量包装商品实施计量监督检查进行的检验,应当由被授权的计量检定机构按照定量包装商品净含量计量检验规则等系列计量技术规范进行。

检验定量包装商品,应当考虑储存和运输等环境条件可能引起的商品净含量的合理变化。

第十四条 国家鼓励定量包装商品生产者自愿开展计量保证能力评价工作,保证计量诚信。鼓励社会团体、行业组织建立行业规范、加强行业自律,促进计量诚信。

自愿开展计量保证能力评价的定量包装商品生产者,应当按照定量包装商品生产企业计量保证能力要求,进行自我评价。自我评价符合要求的,通过省级市场监督管理部门指定的网站进行声明后,可以在定量包装商品上使用全国统一的计量保证能力合格标志。

定量包装商品生产者自我声明后,企业主体资格、生产的定量包装商品品种或者规格等信息发生重大变化的,应当自发生变化一个月内再次进行声明。

第十五条 违反本办法规定,《中华人民共和国消费者权益保护法》《中华人民共和国产品质量法》等法律法规对法律责任已有规定的,从其规定。

第十六条 定量包装商品生产者按要求进行自我声明,使用计量保证能力合格标志,达不到定量包装商品生产企业计量保证能力要求的,由县级以上地方市场监督管理部门责令改正,处三万元以下罚款。

定量包装商品生产者未按要求进行自我声明,使用计量保证能力合格标志的,由县级以上地方市场监督管理部门责令改正,处五万元以下罚款。

第十七条 生产、销售定量包装商品违反本办法第五条、第六条、第七条规定,未正确、清晰地标注净含量的,由县级以上地方市场监督管理部门责令改正;未标注净含量的,限期改正,处三万元以下罚款。

第十八条 生产、销售的定量包装商品,经检验违反本办法第八条、第九条规定的,由县级以上地方市场监督管理部门责令改正,处三万元以下罚款。

第十九条 从事定量包装商品计量监督检验的机构伪造检验

数据的,由县级以上地方市场监督管理部门处十万元以下罚款;有下列行为之一的,由县级以上市场监督管理部门责令改正,予以警告、通报批评:

(一)违反定量包装商品净含量计量检验规则等系列计量技术规范进行计量检验的;

(二)使用未经检定、检定不合格或者超过检定周期的计量器具开展计量检验的;

(三)擅自将检验结果及有关材料对外泄露的;

(四)利用检验结果参与有偿活动的。

第二十条 本办法下列用语的含义是:

(一)预包装商品是指销售前预先用包装材料或者包装容器将商品包装好,并有预先确定的量值(或者数量)的商品。

(二)净含量是指除去包装容器和其他包装材料后内装商品的量。

(三)实际含量是指市场监督管理部门授权的计量检定机构按照定量包装商品净含量计量检验规则等系列计量技术规范,通过计量检验确定的商品实际所包含的商品内容物的量。

(四)标注净含量是指由生产者或者销售者在定量包装商品的包装上明示的商品的净含量。

(五)允许短缺量是指单件定量包装商品的标注净含量与其实际含量之差的最大允许量值(或者数量)。

(六)检验批是指接受计量检验的,由同一生产者在相同生产条件下生产的一定数量的同种定量包装商品或者在销售者抽样地点现场存在的同种定量包装商品。

(七)同种定量包装商品是指由同一生产者生产,品种、标注净含量、包装规格及包装材料均相同的定量包装商品。

(八)计量保证能力合格标志(也称 C 标志)是指由国家市场监督管理总局统一规定式样,定量包装商品生产者明示其计量保证能力达到规定要求的标志。

第二十一条 本办法自 2023 年 6 月 1 日起施行。2005 年 5 月 30 日原国家质量监督检验检疫总局令第 75 号公布的《定量包装商品计量监督管理办法》同时废止。

附件:1. 法定计量单位的选择

2. 标注字符高度

3. 允许短缺量

附件 1

法定计量单位的选择

商品的标注类别		检查要求	
		标注净含量的量限	计量单位
质量		$Q_n < 1$ 克	mg(毫克)
		1 克 $\leq Q_n < 1000$ 克	g(克)
		$Q_n \geq 1000$ 克	kg(千克)
体积 (容积)	容积 (液体)	$Q_n < 1000$ 毫升	mL(ml)(毫升)或 cL(cl)(厘升)
		$Q_n \geq 1000$ 毫升	L(l)(升)
	体积 (固体)	$Q_n \leq 1000$ 立方厘米 (1 立方分米)	cm^3(立方厘米)或 mL(ml)(毫升)
		1 立方分米 $< Q_n < 1000$ 立方分米	dm^3(立方分米)或 L(l)(升)
		$Q_n \geq 1000$ 立方分米	m^3(立方米)
长度		$Q_n < 1$ 毫米	μm(微米)或 mm(毫米)
		1 毫米 $\leq Q_n < 100$ 厘米	mm(毫米)或 cm(厘米)
		$Q_n \geq 100$ 厘米	m(米)
		注:长度标注包括所有的线性测量,如宽度、高度、厚度和直径	
面积		$Q_n < 100$ 平方厘米(1 平方分米)	mm^2(平方毫米)或 cm^2(平方厘米)
		1 平方分米 $\leq Q_n < 100$ 平方分米	dm^2(平方分米)
		$Q_n \geq 1$ 平方米	m^2(平方米)

附件 2

标注字符高度

标注净含量（Qn）	字符的最小高度（mm）
$Q_n \leq 50g$ $Q_n \leq 50mL$	2
$50g < Q_n \leq 200g$ $50mL < Q_n \leq 200mL$	3
$200g < Q_n \leq 1000g$ $200mL < Q_n \leq 1000mL$	4
$Q_n > 1kg$ $Q_n > 1L$	6
以长度、面积、计数单位标注	2

附件3

允许短缺量

质量或体积定量包装商品标注净含量 Q_n g 或 ml	允许短缺量 T[*]	
	Q_n 的百分比	g 或 ml
0~50	9	——
50~100	——	4.5
100~200	4.5	——
200~300	——	9
300~500	3	——
500~1000	——	15
1000~10 000	1.5	——
10 000~15 000	——	150
15 000~50 000	1	——

注[*]：对于允许短缺量 T，当 $Q_n \leqslant 1kg(L)$ 时，T 值的 0.01g(ml) 位上的数字修约至 0.1g(ml)位；当 $Q_n > 1kg(L)$ 时，T 值的 0.1g(ml) 位上的数字修约至 g(ml)位。

长度定量包装商品标注净含量 Q_n	允许短缺量 T m
$Q_n \leqslant 5m$	不允许出现短缺量
$Q_n > 5m$	$Q_n \times 2\%$
面积定量包装商品标注净含量 Q_n	允许短缺量 T
全部 Q_n	$Q_n \times 3\%$
计数定量包装商品标注净含量 Q_n	允许短缺量 T
$Q_n \leqslant 50$	不允许出现短缺量
$Q_n > 50$	$Q_n \times 1\%$[**]

注[**]：以计数方式标注的商品，其净含量乘以 1%，如果允许短缺量出现小数，就把该小数进位到下一个紧邻的整数。这个数值可能大于 1%，这是可以允许的，因为商品的个数只能为整数，不能为小数。

网信部门行政执法程序规定

(2023年3月18日国家互联网信息办公室令第14号公布 自2023年6月1日起施行 国司备字[2023008403])

第一章 总 则

第一条 为了规范和保障网信部门依法履行职责,保护公民、法人和其他组织的合法权益,维护国家安全和公共利益,根据《中华人民共和国行政处罚法》、《中华人民共和国行政强制法》、《中华人民共和国网络安全法》、《中华人民共和国数据安全法》、《中华人民共和国个人信息保护法》等法律、行政法规,制定本规定。

第二条 网信部门实施行政处罚等行政执法,适用本规定。

本规定所称网信部门,是指国家互联网信息办公室和地方互联网信息办公室。

第三条 网信部门实施行政执法,应当坚持处罚与教育相结合,做到事实清楚、证据确凿、依据准确、程序合法。

第四条 国家网信部门依法建立本系统的行政执法监督制度。

上级网信部门对下级网信部门实施的行政执法进行监督。

第五条 网信部门应当加强执法队伍和执法能力建设,建立健全执法人员培训、考试考核、资格管理和持证上岗制度。

第六条 网信部门及其执法人员对在执法过程中知悉的国家秘密、商业秘密或者个人隐私,应当依法予以保密。

第七条 执法人员与案件有直接利害关系或者有其他关系可能影响公正执法的,应当回避。

当事人认为执法人员与案件有直接利害关系或者有其他关系可能影响公正执法的,有权申请回避。

当事人提出回避申请的,网信部门应当依法审查,由网信部门负责人决定。决定作出之前,不停止调查。

第二章 管辖和适用

第八条 行政处罚由违法行为发生地的网信部门管辖。法律、行政法规、部门规章另有规定的,从其规定。

违法行为发生地包括违法行为人相关服务许可地或者备案地,主营业地、登记地,网站建立者、管理者、使用者所在地,网络接入地,服务器所在地,计算机等终端设备所在地等。

第九条 县级以上网信部门依职权管辖本行政区域内的行政处罚案件。法律、行政法规另有规定的,从其规定。

第十条 对当事人的同一个违法行为,两个以上网信部门都有管辖权的,由最先立案的网信部门管辖。

两个以上网信部门对管辖权有争议的,应当协商解决,协商不成的,报请共同的上一级网信部门指定管辖;也可以直接由共同的上一级网信部门指定管辖。

第十一条 上级网信部门认为必要的,可以直接办理下级网信部门管辖的案件,也可以将本部门管辖的案件交由下级网信部门办理。法律、行政法规、部门规章明确规定案件应当由上级网信部门管辖的,上级网信部门不得将案件交由下级网信部门管辖。

下级网信部门对其管辖的案件由于特殊原因不能行使管辖权的,可以报请上级网信部门管辖或者指定管辖。

设区的市级以下网信部门发现其所管辖的行政处罚案件涉及国家安全等情形的,应当及时报告上一级网信部门,必要时报请上一级网信部门管辖。

第十二条 网信部门发现受理的案件不属于其管辖的,应当及时移送有管辖权的网信部门。

受移送的网信部门应当将案件查处结果及时函告移送案件的

网信部门;认为移送不当的,应当报请共同的上一级网信部门指定管辖,不得再次自行移送。

第十三条　上级网信部门接到管辖争议或者报请指定管辖的请示后,应当在十个工作日内作出指定管辖的决定,并书面通知下级网信部门。

第十四条　网信部门发现案件属于其他行政机关管辖的,应当依法移送有关行政机关。

网信部门发现违法行为涉嫌犯罪的,应当及时将案件移送司法机关。司法机关决定立案的,网信部门应当及时办结移交手续。

网信部门应当与司法机关加强协调配合,建立健全案件移送制度,加强证据材料移交、接收衔接,完善案件处理信息通报机制。

第十五条　网信部门对依法应当由原许可、批准的部门作出降低资质等级、吊销许可证件等行政处罚决定的,应当将取得的证据及相关材料送原许可、批准的部门,由其依法作出是否降低资质等级、吊销许可证件等决定。

第十六条　对当事人的同一个违法行为,不得给予两次以上罚款的行政处罚。同一个违法行为违反多个法律规范应当给予罚款处罚的,按照罚款数额高的规定处罚。

第三章　行政处罚程序

第一节　立　案

第十七条　网信部门对下列事项应当及时调查处理,并填写案件来源登记表:

（一）在监督检查中发现案件线索的;

（二）自然人、法人或者其他组织投诉、申诉、举报的;

（三）上级网信部门交办或者下级网信部门报请查处的;

（四）有关机关移送的;

（五）经由其他方式、途径发现的。

第十八条 行政处罚立案应当符合下列条件：

（一）有涉嫌违反法律、行政法规和部门规章的行为，依法应当予以行政处罚；

（二）属于本部门管辖；

（三）在应当给予行政处罚的法定期限内。

符合立案条件的，应当填写立案审批表，连同相关材料，在七个工作日内报网信部门负责人批准立案，并指定两名以上执法人员为案件承办人。情况特殊的，可以延长至十五个工作日内立案。

对于不予立案的投诉、申诉、举报，应当将不予立案的相关情况作书面记录留存。

对于其他机关移送的案件，决定不予立案的，应当书面告知移送机关。

不予立案或者撤销立案的，承办人应当制作不予立案审批表或者撤销立案审批表，报网信部门负责人批准。

第二节 调查取证

第十九条 网信部门进行案件调查取证，应当由具有行政执法资格的执法人员实施。执法人员不得少于两人，并应当主动向当事人或者有关人员出示执法证件。必要时，可以聘请专业人员进行协助。

首次向案件当事人收集、调取证据的，应当告知其有申请执法人员回避的权利。

向有关单位、个人收集、调取证据时，应当告知其有如实提供证据的义务。被调查对象和有关人员应当如实回答询问，协助和配合调查，及时提供依法应予保存的网络运营者发布的信息、用户发布的信息、日志信息等相关材料，不得阻挠、干扰案件的调查。

第二十条 网信部门在执法过程中确需有关机关或者其他行政区域网信部门协助调查取证的，应当出具协助调查函，协助调查函应当载明需要协助的具体事项、期限等内容。

收到协助调查函的网信部门对属于本部门职权范围的协助事项应当予以协助,在接到协助调查函之日起十五个工作日内完成相关工作;需要延期完成或者无法协助的,应当及时函告提出协助请求的网信部门。

第二十一条　执法人员应当依法收集与案件有关的证据,包括书证、物证、视听资料、电子数据、证人证言、当事人的陈述、鉴定意见、勘验笔录、现场笔录等。

电子数据是指案件发生过程中形成的,存在于计算机设备、移动通信设备、互联网服务器、移动存储设备、云存储系统等电子设备或者存储介质中,以数字化形式存储、处理、传输的,能够证明案件事实的数据。视听资料包括录音资料和影像资料。存储在电子介质中的录音资料和影像资料,适用电子数据的规定。

证据应当经查证属实,方可作为认定案件事实的根据。

以非法手段取得的证据,不得作为认定案件事实的根据。

第二十二条　立案前调查和监督检查过程中依法取得的证据材料,可以作为案件的证据使用。

对于移送的案件,移送机关依职权调查收集的证据材料,可以作为案件的证据使用。

第二十三条　网信部门在立案前,可以采取询问、勘验、检查、检测、检验、鉴定、调取相关材料等措施,不得限制调查对象的人身、财产权利。

网信部门立案后,可以对涉案物品、设施、场所采取先行登记保存等措施。

第二十四条　网信部门在执法过程中询问当事人或者其他有关人员,应当制作询问笔录,载明时间、地点、事实、经过等内容。询问笔录应当交询问对象或者其他有关人员核对确认,并由执法人员和询问对象或者其他有关人员签名。询问对象和其他有关人员拒绝签名或者无法签名的,应当注明原因。

第二十五条　网信部门对于涉及违法行为的场所、物品、网络应当进行勘验、检查,及时收集、固定书证、物证、视听资料和电子数据。

第二十六条　网信部门可以委托司法鉴定机构就案件中的专门性问题出具鉴定意见;不属于司法鉴定范围的,可以委托有能力或者有条件的机构出具检测报告或者检验报告。

第二十七条　网信部门可以向有关单位、个人调取能够证明案件事实的证据材料,并可以根据需要拍照、录像、复印和复制。

调取的书证、物证应当是原件、原物。调取原件、原物确有困难的,可以由提交证据的有关单位、个人在复制品上签字或者盖章,注明"此件由×××提供,经核对与原件(物)无异"的字样或者文字说明,注明出证日期、证据出处,并签名或者盖章。

调取的视听资料、电子数据应当是原始载体或者备份介质。调取原始载体或者备份介质确有困难的,可以收集复制件,并注明制作方法、制作时间、制作人等情况。调取声音资料的,应当附有该声音内容的文字记录。

第二十八条　在证据可能灭失或者以后难以取得的情况下,经网信部门负责人批准,执法人员可以依法对涉案计算机、服务器、硬盘、移动存储设备、存储卡等涉嫌实施违法行为的物品先行登记保存,制作登记保存物品清单,向当事人出具登记保存物品通知书。先行登记保存期间,当事人和其他有关人员不得损毁、销毁或者转移证据。

网信部门实施先行登记保存的,应当通知当事人或者持有人到场,并在现场笔录中对采取的相关措施情况予以记载。

第二十九条　网信部门对先行登记保存的证据,应当在七个工作日内作出以下处理决定:

(一)需要采取证据保全措施的,采取记录、复制、拍照、录像等证据保全措施后予以返还;

(二)需要检验、检测、鉴定的,送交具有相应资质的机构检验、检测、鉴定；

（三）违法事实不成立，或者先行登记保存的证据与违法事实不具有关联性的，解除先行登记保存。

逾期未作出处理决定的，应当解除先行登记保存。

违法事实成立，依法应当予以没收的，依照法定程序实施行政处罚。

第三十条 网信部门收集、保全电子数据，可以采取现场取证、远程取证和责令有关单位、个人固定和提交等措施。

现场取证、远程取证结束后，应当制作电子取证工作记录。

第三十一条 执法人员在调查取证过程中，应当要求当事人在笔录和其他相关材料上签字、捺指印、盖章或者以其他方式确认。

当事人拒绝到场、拒绝签字、捺指印、盖章或者以其他方式确认，或者无法找到当事人的，应当由两名执法人员在笔录或者其他材料上注明原因，并邀请其他有关人员作为见证人签字或者盖章，也可以采取录音、录像等方式记录。

第三十二条 对有证据证明是用于违法个人信息处理活动的设备、物品，可以采取查封或者扣押措施。

采取或者解除查封、扣押措施，应当向网信部门主要负责人书面报告并经批准。情况紧急，需要当场采取查封、扣押措施的，执法人员应当在二十四小时内向网信部门主要负责人报告，并补办批准手续。网信部门主要负责人认为不应当采取查封、扣押措施的，应当立即解除。

第三十三条 案件调查终结后，承办人认为违法事实成立，应当予以行政处罚的，撰写案件处理意见报告，草拟行政处罚建议书。

有下列情形之一的，承办人撰写案件处理意见报告，说明拟作处理的理由，报网信部门负责人批准后根据不同情况分别处理：

（一）认为违法事实不能成立，不予行政处罚的；

（二）违法行为情节轻微并及时改正，没有造成危害后果，不予行政处罚的；

（三）初次违法且危害后果轻微并及时改正，可以不予行政处罚的；

（四）当事人有证据足以证明没有主观过错，不予行政处罚的，法律、行政法规另有规定的，从其规定；

（五）案件不属于本部门管辖，应当移送其他行政机关管辖的；

（六）涉嫌犯罪，应当移送司法机关的。

第三十四条 网信部门在进行监督检查或者案件调查时，对已有证据证明违法事实成立的，应当责令当事人立即改正或者限期改正违法行为。

第三十五条 对事实清楚、当事人自愿认错认罚且对违法事实和法律适用没有异议的行政处罚案件，网信部门应当快速办理案件。

第三节 听 证

第三十六条 网信部门作出下列行政处罚决定前，应当告知当事人有要求举行听证的权利。当事人要求听证的，应当在被告知后五个工作日内提出，网信部门应当组织听证。当事人逾期未要求听证的，视为放弃听证的权利：

（一）较大数额罚款；

（二）没收较大数额违法所得、没收较大价值非法财物；

（三）降低资质等级、吊销许可证件；

（四）责令停产停业、责令关闭、限制从业；

（五）其他较重的行政处罚；

（六）法律、行政法规、部门规章规定的其他情形。

第三十七条 网信部门应当在听证的七个工作日前，将听证通知书送达当事人，告知当事人及有关人员举行听证的时间、地点。

听证应当制作听证笔录,交当事人或者其代理人核对无误后签字或者盖章。当事人或者其代理人拒绝签字或者盖章的,由听证主持人在笔录中注明。

除涉及国家秘密、商业秘密或者个人隐私依法予以保密外,听证公开举行。

听证结束后,网信部门应当根据听证笔录,依照本规定第四十二条的规定,作出决定。

第四节 行政处罚决定和送达

第三十八条 网信部门对当事人作出行政处罚决定前,可以根据有关规定对其实施约谈,谈话结束后制作执法约谈笔录。

第三十九条 网信部门作出行政处罚决定前,应当填写行政处罚意见告知书,告知当事人拟作出的行政处罚内容及事实、理由、依据,并告知当事人依法享有的陈述、申辩等权利。

第四十条 当事人有权进行陈述和申辩。网信部门应当充分听取当事人的意见,对当事人提出的事实、理由和证据,应当进行复核;当事人提出的事实、理由或者证据成立的,网信部门应当采纳。

网信部门不得因当事人陈述、申辩而给予更重的处罚。

网信部门及其执法人员在作出行政处罚决定前,未依照本规定向当事人告知拟作出的行政处罚内容及事实、理由、依据,或者拒绝听取当事人的陈述、申辩,不得作出行政处罚决定,但当事人明确放弃陈述或者申辩权利的除外。

第四十一条 有下列情形之一,在网信部门负责人作出行政处罚的决定之前,应当由从事行政处罚决定法制审核的人员进行法制审核;未经法制审核或者审核未通过的,不得作出决定:

(一)涉及重大公共利益的;

(二)直接关系当事人或者第三人重大权益,经过听证程序的;

(三)案件情况疑难复杂、涉及多个法律关系的;

（四）法律、行政法规规定应当进行法制审核的其他情形。

法制审核由网信部门确定的负责法制审核的机构实施。网信部门中初次从事行政处罚决定法制审核的人员，应当通过国家统一法律职业资格考试取得法律职业资格。

第四十二条 拟作出的行政处罚决定应当报网信部门负责人审查。网信部门负责人根据不同情况，分别作出如下决定：

（一）确有应受行政处罚的违法行为的，根据情节轻重及具体情况，作出行政处罚决定；

（二）违法行为轻微，依法可以不予行政处罚的，不予行政处罚；

（三）违法事实不能成立的，不予行政处罚；

（四）违法行为涉嫌犯罪的，移送司法机关。

第四十三条 对情节复杂或者重大违法行为给予行政处罚，网信部门负责人应当集体讨论决定。集体讨论决定的过程应当书面记录。

第四十四条 网信部门作出行政处罚决定，应当制作统一编号的行政处罚决定书。

行政处罚决定书应当载明下列事项：

（一）当事人的姓名或者名称、地址等基本情况；

（二）违反法律、行政法规、部门规章的事实和证据；

（三）行政处罚的种类和依据；

（四）行政处罚的履行方式和期限；

（五）申请行政复议、提起行政诉讼的途径和期限；

（六）作出行政处罚决定的网信部门名称和作出决定的日期。

行政处罚决定中涉及没收有关物品的，还应当附没收物品凭证。

行政处罚决定书必须盖有作出行政处罚决定的网信部门的印章。

第四十五条 网信部门应当自行政处罚案件立案之日起九十

日内作出行政处罚决定。

因案情复杂等原因不能在规定期限内作出处理决定的,经本部门负责人批准,可以延长六十日。案情特别复杂或者情况特殊,经延期仍不能作出处理决定的,由上一级网信部门负责人决定是否继续延期,决定继续延期的,应当同时确定延长的合理期限;国家网信部门办理的行政处罚案件需要延期的,由本部门主要负责人批准。

案件处理过程中,听证、检测、检验、鉴定、行政协助等时间不计入本条第一款、第二款规定的期限。

第四十六条 行政处罚决定书应当在宣告后当场交付当事人;当事人不在场的,应当在七个工作日内依照《中华人民共和国民事诉讼法》的有关规定,将行政处罚决定书送达当事人。

当事人同意并签订确认书的,网信部门可以采用传真、电子邮件等方式,将行政处罚决定书等送达当事人。

第四章　执行和结案

第四十七条 行政处罚决定书送达后,当事人应当在行政处罚决定书载明的期限内予以履行。

当事人确有经济困难,可以提出延期或者分期缴纳罚款的申请,并提交书面材料。经案件承办人审核,确定延期或者分期缴纳罚款的期限和金额,报网信部门负责人批准后,可以暂缓或者分期缴纳。

第四十八条 网络运营者违反相关法律、行政法规、部门规章规定,需由电信主管部门关闭网站、吊销相关增值电信业务经营许可证或者取消备案的,转电信主管部门处理。

第四十九条 当事人对行政处罚决定不服,可以依法申请行政复议或者提起行政诉讼。

当事人对行政处罚决定不服,申请行政复议或者提起行政诉讼的,行政处罚不停止执行,法律另有规定的除外。

当事人申请行政复议或者提起行政诉讼的,加处罚款的数额在行政复议或者行政诉讼期间不予计算。

第五十条 当事人逾期不履行行政处罚决定的,作出行政处罚决定的网信部门可以采取下列措施:

(一)到期不缴纳罚款的,每日按罚款数额的百分之三加处罚款,加处罚款的数额不得超出罚款的数额;

(二)依照《中华人民共和国行政强制法》的规定申请人民法院强制执行。

网信部门批准延期、分期缴纳罚款的,申请人民法院强制执行的期限,自暂缓或者分期缴纳罚款期限结束之日起计算。

第五十一条 网信部门申请人民法院强制执行的,申请前应当填写履行行政处罚决定催告书,书面催告当事人履行义务,并告知履行义务的期限和方式、依法享有的陈述和申辩权;涉及加处罚款的,应当有明确的金额和给付方式。

当事人进行陈述、申辩的,网信部门应当对当事人提出的事实、理由和证据进行记录、复核,并制作陈述申辩笔录、陈述申辩复核意见书。当事人提出的事实、理由或者证据成立的,网信部门应当采纳。

履行行政处罚决定催告书送达十个工作日后,当事人仍未履行处罚决定的,网信部门可以填写行政处罚强制执行申请书,向所在地有管辖权的人民法院申请强制执行。

第五十二条 行政处罚决定履行或者执行后,有下列情形之一的,执法人员应当填写行政处罚结案报告,将有关案件材料进行整理装订,归档保存:

(一)行政处罚决定履行或者执行完毕的;

(二)人民法院裁定终结执行的;

(三)案件终止调查的;

(四)作出本规定第四十二条第二项至第四项决定的;

（五）其他应当予以结案的情形。

结案后，执法人员应当将案件材料按照档案管理的有关规定立卷归档。案卷归档应当一案一卷、材料齐全、规范有序。

第五十三条　网信部门应当依法以文字、音像等形式，对行政处罚的启动、调查取证、审核、决定、送达、执行等进行全过程记录，归档保存。

第五十四条　网信部门实施行政处罚应当接受社会监督。公民、法人或者其他组织对网信部门实施行政处罚的行为，有权申诉或者检举；网信部门应当认真审查，发现有错误的，应当主动改正。

第五章　附　　则

第五十五条　本规定中的期限以时、日计算，开始的时和日不计算在内。期限届满的最后一日是法定节假日的，以法定节假日后的第一日为届满的日期。但是，法律、行政法规另有规定的除外。

第五十六条　本规定中的"以上"、"以下"、"内"均包括本数、本级。

第五十七条　国家网信部门负责制定行政执法相关文书格式范本。各省、自治区、直辖市网信部门可以参照文书格式范本，制定本行政区域行政执法所适用的文书格式并自行印制。

第五十八条　本规定自2023年6月1日起施行。2017年5月2日公布的《互联网信息内容管理行政执法程序规定》（国家互联网信息办公室令第2号）同时废止。

固定资产投资项目节能审查办法

(2023年3月28日国家发展和改革委员会令第2号公布 自2023年6月1日起施行 国司备字[2023008438])

第一章 总 则

第一条 为完善能源消耗总量和强度调控,促进固定资产投资项目科学合理利用能源,加强用能管理,推进能源节约,防止能源浪费,提高能源利用效率,推动实现碳达峰碳中和,根据《中华人民共和国节约能源法》《中华人民共和国行政许可法》《民用建筑节能条例》《公共机构节能条例》等有关法律法规,制定本办法。

第二条 本办法适用于各级人民政府投资主管部门管理的在我国境内建设的固定资产投资项目。本办法所称节能审查,是指根据节能法律法规、政策标准等,对项目能源消费、能效水平及节能措施等情况进行审查并形成审查意见的行为。

第三条 固定资产投资项目节能审查意见是项目开工建设、竣工验收和运营管理的重要依据。政府投资项目,建设单位在报送项目可行性研究报告前,需取得节能审查机关出具的节能审查意见。企业投资项目,建设单位需在开工建设前取得节能审查机关出具的节能审查意见。未按本办法规定进行节能审查,或节能审查未通过的项目,建设单位不得开工建设,已经建成的不得投入生产、使用。

第四条 固定资产投资项目节能审查相关工作经费,按照国家有关规定纳入部门预算,并按照规定程序向同级财政部门申请。对项目进行节能审查不得收取任何费用。

第二章 管理职责

第五条 国家发展改革委负责制定节能审查的相关管理办法，组织编制技术标准、规范和指南，开展业务培训，依据各地能源消费形势、落实能源消耗总量和强度调控、控制化石能源消费、完成节能目标任务、推进碳达峰碳中和进展等情况，对各地新上重大高耗能项目的节能审查工作进行督导。

第六条 县级以上地方各级人民政府管理节能工作的部门应根据本地节能工作实际，对节能审查工作加强总体指导和统筹协调，落实能源消耗总量和强度调控，强化能耗强度降低约束性指标管理，有效增强能源消费总量管理弹性，控制化石能源消费，坚决遏制高耗能、高排放、低水平项目盲目发展。

第七条 固定资产投资项目节能审查由地方节能审查机关负责。节能审查机关应当制定并公开服务指南，列明节能审查的申报材料、受理方式、审查条件、办理流程、办理时限等，为建设单位提供指导和服务，提高工作效能和透明度。上级节能审查机关应加强对下级节能审查机关的工作指导。

第八条 节能审查机关与管理节能工作的部门为不同部门的，节能审查机关应与同级管理节能工作的部门加强工作衔接，重大高耗能项目节能审查应征求同级管理节能工作的部门意见，并及时将本部门节能审查实施情况抄送同级管理节能工作的部门。

第九条 国家发展改革委核报国务院审批以及国家发展改革委审批的政府投资项目，建设单位在报送项目可行性研究报告前，需取得省级节能审查机关出具的节能审查意见。国家发展改革委核报国务院核准以及国家发展改革委核准的企业投资项目，建设单位需在开工建设前取得省级节能审查机关出具的节能审查意见。

年综合能源消费量(建设地点、主要生产工艺和设备未改变的改建项目按照建成投产后年综合能源消费增量计算，其他项目按照建成投产后年综合能源消费量计算，电力折算系数按当量值，下同）10000吨标准煤及以上的固定资产投资项目，其节能审查由省级节能审查机关负责。其他固定资产投资项目，其节能审查管理权限由省级节能审查机关依据实际情况自行决定。

年综合能源消费量不满1000吨标准煤且年电力消费量不满500万千瓦时的固定资产投资项目，涉及国家秘密的固定资产投资项目以及用能工艺简单、节能潜力小的行业（具体行业目录由国家发展改革委制定公布并适时更新）的固定资产投资项目，可不单独编制节能报告。项目应按照相关节能标准、规范建设，项目可行性研究报告或项目申请报告应对项目能源利用、节能措施和能效水平等进行分析。节能审查机关对项目不再单独进行节能审查，不再出具节能审查意见。

单个项目涉及两个及以上省级地区的，其节能审查工作由项目主体工程（或控制性工程）所在省（区、市）省级节能审查机关牵头商其他地区省级节能审查机关研究确定后实施。打捆项目涉及两个及以上省级地区的，其节能审查工作分别由子项目所在省（区、市）相关节能审查机关实施。

第十条 地方可结合本地实际，在各类开发区、新区和其他有条件的区域实施区域节能审查，明确区域节能目标、节能措施、能效准入、化石能源消费控制等要求。对已经实施区域节能审查范围内的项目，除应由省级节能审查机关审查的，节能审查实行告知承诺制。

区域节能审查具体实施办法由省级管理节能工作的部门依据实际情况制定。

第三章 节能审查

第十一条 需进行节能审查的固定资产投资项目，建设单位应编制节能报告。项目节能报告应包括下列内容：

（一）项目概况；

（二）分析评价依据；

（三）项目建设及运营方案节能分析和比选，包括总平面布置、生产工艺、用能工艺、用能设备和能源计量器具等方面；

（四）节能措施及其技术、经济论证；

（五）项目能效水平、能源消费情况，包括单位产品能耗、单位产品化石能源消耗、单位增加值（产值）能耗、单位增加值（产值）化石能源消耗、能源消费量、能源消费结构、化石能源消费量、可再生能源消费量和供给保障情况、原料用能消费量；有关数据与国家、地方、行业标准及国际、国内行业水平的全面比较；

（六）项目实施对所在地完成节能目标任务的影响分析。

具备碳排放统计核算条件的项目，应在节能报告中核算碳排放量、碳排放强度指标，提出降碳措施，分析项目碳排放情况对所在地完成降碳目标任务的影响。

建设单位应出具书面承诺，对节能报告的真实性、合法性和完整性负责，不得以拆分或合并项目等不正当手段逃避节能审查。

第十二条 节能报告内容齐全、符合法定形式的，节能审查机关应当予以受理。内容不齐全或不符合法定形式的，节能审查机关应当当场或者 5 日内一次告知建设单位需要补正的全部内容，逾期不告知的，自收到报告之日起即为受理。

第十三条 节能审查机关受理节能报告后，应委托具备技术能力的机构进行评审，形成评审意见，作为节能审查的重要依据。

第十四条 节能审查机关应当从以下方面对项目节能报告进行审查：

（一）项目是否符合节能有关法律法规、标准规范、政策要求；

（二）项目用能分析是否客观准确，方法是否科学，结论是否准确；

（三）项目节能措施是否合理可行；

（四）项目的能效水平、能源消费等相关数据核算是否准确,是否满足本地区节能工作管理要求。

第十五条 节能审查机关应在法律规定的时限内出具节能审查意见或明确节能审查不予通过。节能审查意见自印发之日起2年内有效,逾期未开工建设或建成时间超过节能报告中预计建成时间2年以上的项目应重新进行节能审查。

第十六条 通过节能审查的固定资产投资项目,建设地点、建设内容、建设规模、能效水平等发生重大变动的,或年实际综合能源消费量超过节能审查批复水平10%及以上的,建设单位应向原节能审查机关提交变更申请。原节能审查机关依据实际情况,提出同意变更的意见或重新进行节能审查;项目节能审查权限发生变化的,应及时移交有权审查机关办理。

第十七条 固定资产投资项目投入生产、使用前,应对项目节能报告中的生产工艺、用能设备、节能技术采用情况以及节能审查意见落实情况进行验收,并编制节能验收报告。实行告知承诺管理的项目,应对项目承诺内容以及区域节能审查意见落实情况进行验收。分期建设、投入生产使用的项目,应分期进行节能验收。未经节能验收或验收不合格的项目,不得投入生产、使用。

节能验收主体由省级节能审查机关依据实际情况确定。

节能验收报告应在节能审查机关存档备查。

第四章　监　督　管　理

第十八条 固定资产投资项目节能审查应纳入投资项目在线审批监管平台统一管理,实行网上受理、办理、监管和服务,实现审查过程和结果的可查询、可监督。不单独进行节能审查的固定资产投资项目应通过投资项目在线审批监管平台报送项目能源消费等情况。

第十九条 节能审查机关应会同相关行业主管部门强化节能

审查事中事后监管,组织对项目节能审查意见落实、节能验收等情况进行监督检查。日常监督检查工作应按照"双随机一公开"原则开展。

第二十条 管理节能工作的部门要依法依规履行节能监督管理职责,将节能审查实施情况作为节能监察的重点内容。各级管理节能工作的部门应加强节能审查信息的统计分析,定期调度已投产项目能源消费、能效水平等情况,作为研判节能形势、开展节能工作的重要参考。

第二十一条 省级管理节能工作的部门应定期向国家发展改革委报告本地区节能审查实施情况,按要求报送项目节能审查信息和已投产项目调度数据。

第二十二条 国家发展改革委实施全国节能审查动态监管,对各地节能审查实施情况进行监督检查,对重大项目节能审查意见落实情况进行不定期抽查。检查抽查结果作为节能目标责任评价考核的重要内容。

第五章 法律责任

第二十三条 对未按本办法规定进行节能审查,或节能审查未获通过,擅自开工建设或擅自投入生产、使用的固定资产投资项目,由节能审查机关责令停止建设或停止生产、使用,限期整改,并对建设单位进行通报批评,视情节处10万元以下罚款。经节能审查机关认定完成整改的项目,节能审查机关可依据实际情况出具整改完成证明。不能整改或逾期不整改的生产性项目,由节能审查机关报请本级人民政府按照国务院规定的权限责令关闭,并依法追究有关责任人的责任。

第二十四条 以拆分项目、提供虚假材料等不正当手段通过节能审查的固定资产投资项目,由节能审查机关撤销项目的节能审查意见;以不正当手段逃避节能审查的固定资产投资项目,由节能审查机关按程序进行节能审查。项目已开工建设或投入生产、使用的,按本办法第二十三条有关规定进行处罚。

第二十五条　未落实节能审查意见要求的固定资产投资项目,由节能审查机关责令建设单位限期整改。不能整改或逾期不整改的,由节能审查机关按照法律法规的有关规定进行处罚。

第二十六条　未按本办法规定进行节能验收或验收不合格,擅自投入生产、使用的固定资产投资项目,以及以提供虚假材料等不正当手段通过节能验收的固定资产投资项目,由节能审查机关责令建设单位限期整改,并处3万元以上5万元以下罚款。

第二十七条　从事节能咨询、评审等节能服务的机构提供节能审查虚假信息的,由管理节能工作的部门责令改正,没收违法所得,并处5万元以上10万元以下罚款。

第二十八条　节能审查机关对建设单位、中介机构等的违法违规信息进行记录,将违法违规行为及其处理信息纳入全国信用信息共享平台和投资项目在线审批监管平台,在"信用中国"网站向社会公开。对列入严重失信主体名单的,依法依规实施联合惩戒措施。

第二十九条　负责审批政府投资项目的工作人员,对未进行节能审查或节能审查未获通过的项目,违反本办法规定予以批准的,依法给予处分。

第三十条　节能审查机关、节能评审机构工作人员以及其他参与评审的有关人员在节能评审中存在违纪违法行为,依法给予处分,构成犯罪的依法追究刑事责任。

第六章　附　　则

第三十一条　省级管理节能工作的部门可根据《中华人民共和国节约能源法》等有关法律法规和本办法,制定具体实施办法。

第三十二条　本办法由国家发展改革委负责解释。

第三十三条 本办法自 2023 年 6 月 1 日起施行。原《固定资产投资项目节能审查办法》(国家发展和改革委员会令 2016 年第 44 号)同时废止。

烈士公祭办法

(2014 年 3 月 31 日民政部令第 52 号公布 2023 年 3 月 31 日退役军人事务部令第 9 号修订 自 2023 年 5 月 1 日起施行 国司备字[2023008440])

第一条 为了缅怀纪念烈士,传承和弘扬烈士精神,做好烈士公祭工作,根据有关法律法规和国家有关规定,制定本办法。

第二条 烈士公祭是国家缅怀纪念为争取民族独立和人民解放、实现国家富强和人民幸福、促进世界和平和人类进步而毕生奋斗、英勇牺牲的烈士的活动。

第三条 在清明节、国庆节或者烈士纪念日等重大庆典日、重要纪念日,县级以上地方人民政府在本行政区域内举行的烈士公祭活动,适用本办法。

烈士公祭活动应当庄严、肃穆、隆重、节俭。

第四条 举行烈士公祭活动,由县级以上地方人民政府退役军人工作主管部门提出建议和方案,报请同级人民政府组织实施。

第五条 烈士公祭活动应当在烈士纪念场所举行。

上级地方人民政府与下级地方人民政府在同一烈士纪念场所举行烈士公祭活动,应当合并进行。

第六条 烈士公祭活动方案应当包括以下内容:

(一)烈士公祭活动时间、地点;

(二)参加烈士公祭活动人员及其现场站位和着装要求;

(三)烈士公祭仪式仪程;

(四)烈士公祭活动的组织协调、宣传报道、交通和安全警卫、医疗保障、经费保障、礼兵仪仗、天气预报、现场布置和物品器材准备等事项的分工负责单位及负责人。

第七条 烈士公祭活动应当安排党、政、军和人民团体负责人参加,组织烈士遗属代表、老战士和退役军人代表、学校师生代表、各界干部群众代表、军队人员代表等参加。

第八条 参加烈士公祭活动人员着装应当庄重得体,可以按照规定穿着制式服装,佩戴获得的荣誉勋章、奖章、纪念章等。

第九条 烈士公祭活动现场应当标明肃穆区域,设置肃穆提醒标志。

在肃穆区域内,应当言行庄重,不得喧哗。

第十条 烈士公祭仪式由组织活动的地方人民政府或者其退役军人工作主管部门的负责人主持。

烈士公祭仪式不设主席台,参加烈士公祭仪式人员应当面向烈士纪念碑(塔)等设施肃立。

第十一条 烈士公祭仪式一般应当按照下列程序进行:

(一)礼兵就位;

(二)主持人向烈士纪念碑(塔)等设施行鞠躬礼,宣布烈士公祭仪式开始;

(三)奏唱《中华人民共和国国歌》;

(四)宣读祭文;

(五)少先队员献唱《我们是共产主义接班人》;

(六)向烈士敬献花篮或者花圈,奏《献花曲》;

(七)整理绶带或者挽联;

(八)向烈士行三鞠躬礼;

(九)瞻仰烈士纪念碑(塔)等设施。

向烈士行三鞠躬礼后可以邀请参加活动的代表发言。

第十二条 在国庆节或者烈士纪念日等重大庆典日、重要纪念日进行烈士公祭的,可以采取向烈士纪念碑(塔)等设施敬献花篮的仪式,按照下列程序进行:

（一）礼兵就位；
（二）主持人向烈士纪念碑（塔）等设施行鞠躬礼，宣布敬献花篮仪式开始；
（三）奏唱《中华人民共和国国歌》；
（四）全体人员向烈士默哀；
（五）少先队员献唱《我们是共产主义接班人》；
（六）向烈士敬献花篮，奏《献花曲》；
（七）整理绶带；
（八）瞻仰烈士纪念碑（塔）等设施。

第十三条　烈士公祭仪式中的礼兵仪仗、花篮花圈护送由组织活动的地方人民政府协调当地驻军有关部门负责安排解放军或者武警部队官兵担任。

烈士公祭仪式可以安排军乐队或者其他乐队演奏乐曲，也可以播放音乐。

第十四条　烈士公祭活动的花篮或者花圈由党、政、军、人民团体及各界群众等敬献。

花篮的绶带或者花圈的挽联为红底黄字，上联书写烈士永垂不朽，下联书写敬献单位或个人。

整理绶带或者挽联按照先整理上联、后整理下联的顺序，双手整理。

默哀时应当脱帽，时间一般不少于一分钟。

瞻仰烈士纪念设施时一般按照顺时针方向绕行一周，活动人数较多的，也可以分别按顺时针或者逆时针方向绕行半周。

第十五条　县级以上地方人民政府在组织烈士公祭活动时，可以根据实际情况，引导公民通过观看烈士公祭活动直播、瞻仰烈士纪念设施、集体宣誓等，铭记烈士事迹，传承和弘扬烈士精神。

各级各类学校应当组织学生以适当方式参加烈士公祭，加强爱国主义、集体主义、社会主义教育。

第十六条　烈士纪念设施保护单位应当结合烈士公祭活动，

采取多种形式广泛宣讲烈士英雄事迹和相关重大历史事件,配合有关单位开展爱国主义、集体主义、社会主义教育和其他主题教育活动。

第十七条 烈士纪念设施保护单位应当创新工作方式方法,健全服务和管理工作规范,保持烈士纪念场所庄严、肃穆、清净的环境和气氛,做好服务接待工作;可以按照庄严、有序、便捷的原则组织开展网上祭奠活动,方便广大人民群众瞻仰、悼念烈士。

第十八条 单位、个人在烈士纪念设施保护范围内组织开展缅怀纪念活动,应当文明有序,遵守有关祭扫礼仪规范,并接受烈士纪念设施保护单位管理。

单位组织开展集体缅怀纪念活动,可以参照本办法第十一条规定程序进行,也可以根据实际情况简化程序。

第十九条 对影响烈士公祭活动的,或者在烈士纪念设施保护范围内从事有损纪念烈士环境和气氛的活动的,烈士纪念设施保护单位应当及时劝阻;不听劝阻的,由县级以上地方人民政府退役军人工作主管部门按照职责规定给予批评教育,责令改正。

第二十条 任何单位和个人不得利用烈士公祭从事商业活动。

第二十一条 违反本办法规定,构成违反治安管理行为的,依法给予治安管理处罚;构成犯罪的,依法追究刑事责任。

第二十二条 对安葬在国外的烈士,驻外使领馆应当结合驻在国实际情况,参照本办法规定组织开展烈士公祭等祭扫纪念活动。

第二十三条 本办法自2023年5月1日起施行。

附：

一、2023年4月份报国务院备案并予以登记的地方性法规、自治条例、单行条例和地方政府规章目录

地方性法规

法规名称	公布日期	备案登记编号
临汾市红色文化资源保护传承条例	2023年1月11日	国司备字〔2023008406〕
鞍山市人民代表大会常务委员会关于集中修改和废止部分地方性法规的决定	2023年1月4日	国司备字〔2023008422〕
本溪市野生鱼类保护条例	2023年1月3日	国司备字〔2023008423〕
福建省人民代表大会常务委员会关于修改《福建省人民代表大会常务委员会组成人员守则》的决定	2023年4月3日	国司备字〔2023008459〕
福建省实施《中华人民共和国工会法》办法	2023年4月3日	国司备字〔2023008460〕
福建省实施《中华人民共和国野生动物保护法》办法	2023年4月3日	国司备字〔2023008461〕
福建省气候资源保护和利用条例	2023年4月3日	国司备字〔2023008462〕
福州市人民代表大会议事规则	2023年4月7日	国司备字〔2023008463〕
福州市人民代表大会常务委员会关于废止《福州市劳动争议处理若干规定》的决定	2023年4月7日	国司备字〔2023008464〕
三明市城市养犬管理条例	2023年4月7日	国司备字〔2023008465〕

续表

法规名称	公布日期	备案登记编号
南平市海绵城市建设管理条例	2023年4月7日	国司备字[2023008466]
临沂市人民代表大会常务委员会关于修改《临沂市供热条例》的决定	2023年3月30日	国司备字[2023008420]
聊城市失能老年人照护服务条例	2023年4月6日	国司备字[2023008421]
广东省人民代表大会常务委员会议事规则	2023年3月30日	国司备字[2023008441]
广东省家政服务条例	2023年3月30日	国司备字[2023008442]
广东省母婴保健管理条例	2023年3月30日	国司备字[2023008443]
海南省实施《中华人民共和国野生动物保护法》办法	2023年4月16日	国司备字[2023008452]
重庆市人民代表大会常务委员会关于修改《重庆市人民代表大会常务委员会议事规则》《重庆市水资源管理条例》的决定	2023年3月30日	国司备字[2023008419]
云南省人民代表大会议事规则	2023年1月15日	国司备字[2023008394]
云南省中医药条例	2023年3月24日	国司备字[2023008395]
昆明市生活垃圾管理条例	2023年4月13日	国司备字[2023008453]
昆明市特种行业和公共场所治安管理条例	2023年4月13日	国司备字[2023008454]
昭通市文明行为促进条例	2023年3月28日	国司备字[2023008445]
拉萨市雅鲁藏布江保护条例	2023年4月3日	国司备字[2023008431]

续表

法规名称	公布日期	备案登记编号
拉萨市人民代表大会常务委员会关于废止《拉萨市城镇国有土地使用权出让和转让办法》的决定	2023年4月3日	国司备字[2023008432]
日喀则市雅鲁藏布江保护条例	2023年4月1日	国司备字[2023008433]
昌都市芒康盐井古盐田保护条例	2023年4月8日	国司备字[2023008434]
林芝市雅鲁藏布江保护条例	2023年4月3日	国司备字[2023008435]
山南市城乡社区治理促进条例	2023年4月3日	国司备字[2023008436]
山南市沙棘林保护条例	2023年4月3日	国司备字[2023008437]
甘肃省法律援助条例	2023年3月30日	国司备字[2023008448]
甘肃省电网建设与保护条例	2023年3月30日	国司备字[2023008449]
甘肃省供用电条例	2023年3月30日	国司备字[2023008450]
大通回族土族自治县森林草原防灭火条例	2023年3月27日	国司备字[2023008393]
宁夏回族自治区人民代表大会常务委员会关于废止《宁夏回族自治区农村扶贫开发条例》等两件地方新法规的决定	2023年3月24日	国司备字[2023008417]
新疆维吾尔自治区人民代表大会议事规则	2023年1月18日	国司备字[2023008418]

地方政府规章

规章名称	公布日期	备案登记编号
鄂尔多斯市气象管理办法	2023年2月22日	国司备字[2023008386]
辽宁省重大行政决策程序规定	2023年3月20日	国司备字[2023008390]
辽阳市雷电灾害防御管理规定	2023年3月30日	国司备字[2023008424]
齐齐哈尔市人民政府关于修改2022年第1号齐齐哈尔市政府令的决定	2023年4月6日	国司备字[2023008458]
佳木斯市人民政府关于调整一批行政权力事项的决定	2022年12月1日	国司备字[2023008391]
双鸭山市人民政府关于2022年双鸭山市市本级取消、承接一批行政权力事项的决定	2022年7月19日	国司备字[2023008388]
上海市城市建设档案管理办法	2023年3月24日	国司备字[2023008429]
南京市污染源自动监测管理办法	2023年4月12日	国司备字[2023008430]
南京市建设工程临时建筑管理办法	2023年4月18日	国司备字[2023008457]
浙江省人民政府关于修改《浙江省餐厨垃圾管理办法》等4件规章的决定	2023年3月20日	国司备字[2023008407]
宁波市大运河世界文化遗产保护实施办法	2023年3月31日	国司备字[2023008409]
漳州市城市供水节水管理办法	2023年1月28日	国司备字[2023008456]
泰安市人民政府关于废止部分市政府规章的决定	2023年4月3日	国司备字[2023008415]
新乡市人民政府关于修改《新乡市集中供热管理办法》的决定	2023年4月4日	国司备字[2023008397]

续表

规章名称	公布日期	备案登记编号
商丘市消防安全责任制实施办法	2022年12月8日	国司备字〔2023008413〕
商丘市餐厨废弃物管理办法	2022年1月29日	国司备字〔2023008414〕
湖北省地震预警管理办法	2023年3月17日	国司备字〔2023008400〕
武汉市轨道交通运营线路安全保护区管理办法	2023年3月17日	国司备字〔2023008405〕
十堰市中心城区河道管理办法	2023年3月23日	国司备字〔2023008416〕
咸宁市海绵城市建设管理暂行办法	2023年3月21日	国司备字〔2023008399〕
岳阳市消火栓管理办法	2023年3月17日	国司备字〔2023008425〕
广东省人民政府关于将一批省级行政职权调整由横琴粤澳深度合作区执行委员会及其工作机构实施的决定	2023年2月10日	国司备字〔2023008398〕
梅州市闲置土地处置规定	2023年3月27日	国司备字〔2023008408〕
广东徐闻珊瑚礁国家级自然保护区管理办法	2023年3月27日	国司备字〔2023008444〕
河源市城市绿化管理办法	2023年2月24日	国司备字〔2023008385〕
河源市人民政府关于修改河源市城市供水用水管理办法的决定	2023年4月6日	国司备字〔2023008455〕
河池市气象设施和气象探测环境保护管理规定	2023年3月10日	国司备字〔2023008396〕
海口市人民政府关于废止《海口市土地储备办法》的决定	2023年3月22日	国司备字〔2023008392〕
重庆市巡游出租汽车客运管理办法	2023年3月2日	国司备字〔2023008389〕

续表

规章名称	公布日期	备案登记编号
攀枝花市历史文化街区和历史建筑保护管理办法	2023年3月17日	国司备字 [2023008404]
德阳市人民政府关于修改《德阳市生活垃圾分类管理办法》的决定	2023年3月16日	国司备字 [2023008402]
临沧市城市养犬管理办法	2023年3月29日	国司备字 [2023008451]
普洱市人民政府关于修改《普洱市古茶树资源保护条例实施细则》的决定	2023年4月3日	国司备字 [2023008446]
延安市城乡建设档案管理办法	2023年3月16日	国司备字 [2023008427]
延安市城市地下管线档案管理办法	2023年3月16日	国司备字 [2023008428]
固原市停车场管理办法	2023年4月12日	国司备字 [2023008447]

二、2023年4月份报国务院备案并予以登记，本汇编未收的国务院部门规章目录

交通运输部关于修改《民用航空空中交通管理规则》的决定
（2022年11月3日交通运输部令2022年第36号公布 自2023年1月1日起施行 国司备字[2023008387]）

固定资产投资项目节能审查办法
（2023年3月28日国家发展和改革委员会令第2号公布 自2023年6月1日起施行 国司备字[2023008438]）

图书在版编目(CIP)数据

中华人民共和国新法规汇编.2023年.第5辑:总第315辑/司法部编.—北京:中国法制出版社,2023.9
ISBN 978-7-5216-3800-4

Ⅰ.①中… Ⅱ.①司… Ⅲ.①法规-汇编-中国-2023 Ⅳ.①D920.9

中国国家版本馆CIP数据核字(2023)第144487号

中华人民共和国新法规汇编
ZHONGHUA RENMIN GONGHEGUO XIN FAGUI HUIBIAN
(2023年第5辑)
编者/司法部

经销/新华书店
印刷/三河市紫恒印装有限公司
开本/850毫米×1168毫米 32开　　　　　　　印张/4.25　字数/90千
版次/2023年9月第1版　　　　　　　　　　　2023年9月第1次印刷

中国法制出版社出版
书号 ISBN 978-7-5216-3800-4　　　　　　　　　　　定价:18.00元

北京市西城区西便门西里甲16号西便门办公区
邮政编码:100053　　　　　　　　　　　　　　传真:010-63141600
网址:http://www.zgfzs.com　　　　　　　编辑部电话:010-63141663
市场营销部电话:010-63141612　　　　　　印务部电话:010-63141606
(如有印装质量问题,请与本社印务部联系)